외국인을 위한

한국어

초급2

Korean for foreigners : Beginner 2

경희대학교 한국어교육연구회

머리말

　최근 대학 진학을 위해 한국어를 배우려는 외국인 학습자의 수가 증가하고 있다. 대학들이 국제화를 목표로 외국인 유학생을 적극 유치하고 있는 것도 이러한 현상의 한 원인으로 작용하고 있다.

　대학에 진학하는 외국인 유학생의 성공적 유학 생활의 전제가 되는 것이 한국어 구사 능력이다. 다수의 유학생이 대학 강의를 이수하는 데 많은 어려움을 겪고 있는데 이는 기존의 다수 한국어 교재들이 그 대상을 일반 목적 학습자로 하고 있어 학문 목적 학습자들의 요구를 적절히 반영하고 있지 못하기 때문이다. 본 교재는 학문 목적 학습자들을 대상으로 제작되었으며 다음과 같은 특징을 가지고 있다.

- 도서관 이용하기, 자료 찾기 등의 대학 생활과 관계된 주제나 내용을 포함하고 있다.
- 자연스러운 구어적 표현을 학습할 수 있도록 구성하였다.
- 학문적 언어 특징을 잘 보여주는 담화나 어휘를 수록하였다. 토론하기, 보고서 쓰기 등의 학업 활동은 적절한 학문적 담화 구성과 어휘 사용을 통해 성공적으로 수행되므로 이러한 내용을 포함시켰다.
- 듣기, 읽기, 쓰기, 말하기 기능을 학업 활동과 학습 기술 습득과 연관하여 학습하도록 하였다.
- 자기 주도 학습을 가능하게 하는 학습 전략을 포함시켰다. 대학에서는 자기 주도 학습의 비중이 커지므로 이를 위한 학습 전략 습득이 필요하다.

　본 교재의 첫째 책으로 출간된 것이 초급 1이다. 학문 목적 학습자라도 초급 단계에서는 기본적 일상생활에 필요한 의사소통 능력이 요구되므로 초급 1에서는 일반 목적 학습자의 교육 내용과 유사한 내용을 학습하도록 하였다. 그러나 주제, 상황, 기능 등을 대학 생활과 연관되게 구성하여 자연스럽게 대학 생활에 필요한 정보를 익힐 수 있게 하였다. 또한 관련 어휘 확장 부분을 따로 마련하여 기본적인 어휘 실력을 강화할 수 있도록 하였다.

　초급 2는 부분적으로 경희대학교 한국어학과가 수주한 교육과학기술부 대학특성화지원사업(사업명: '한국 언어·문화 세계화를 위한 국제 전문 인력 양성(2005-2009)'의 재정적 지원을 받아 완성되었다. 바쁜 시간 중에도 초급 2의 집필을 위해 최선을 다해준 경희대학교 한국어교육연구회의 노고에 대해 심심한 감사의 뜻을 표하며 이 교재의 출간을 흔쾌히 맡아준 랭기지플러스 관계자분들께도 감사를 드린다. 아무쪼록 이 책을 통해 많은 외국인 유학생들이 대학 수학에 필요한 한국어 구사 능력을 효과적으로 기를 수 있기를 바란다.

2010년 12월
집필진을 대표하여 박동호 씀

– 이 책의 교육과정은 한국말을 전혀 모르는 학습자를 대상으로 초급(1 · 2), 중급(1 · 2), 고급(말하기 · 듣기, 읽기 · 쓰기, 전공 어휘) 단계로 구성되었습니다.

– 한국어 의사소통 능력을 기르기 위해 말하기 · 듣기 · 읽기 · 쓰기 언어 능력을 균형적으로 학습할 수 있도록 하였고, 특히 4가지 기능을 분리하지 않고 통합하여 교육할 수 있도록 '듣고 말하기'와 '읽고 쓰기' 틀로 제시하였습니다.

– 유창성과 정확성을 함께 습득할 수 있도록 연습 과제(task)와 활동(activities)을 균형 있게 배분하였습니다.

– 학습자의 인지 능력과 배경 지식을 활용할 수 있도록 시각 자료와 실제 자료를 제시하였습니다.

– 한국 문화와 관련된 내용은 텍스트에 반영하여 제시하였습니다.

– 전체 18개 단원으로 구성되었습니다.

생각해 봅시다.

주제에 대해 생각해 보고 사진을 보고 이야기할 수 있게 하였습니다.

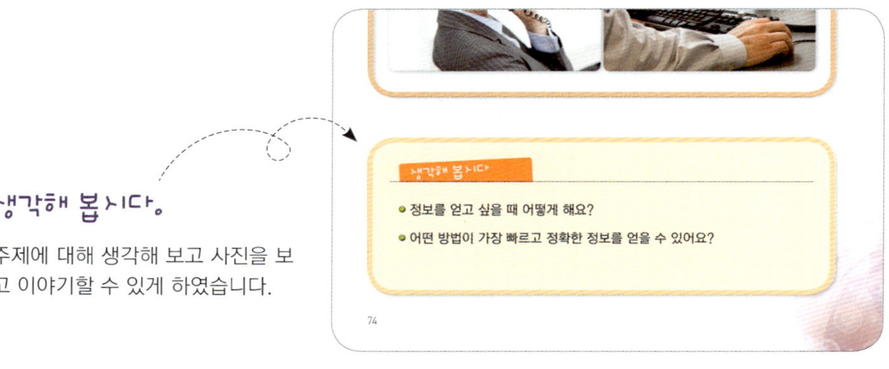

대화

단원별 주제와 관련된 상황과 장면을 대화로 제시하였습니다. 세 개 대화가 제시되는데 세 번째 대화에서는 앞의 두 개 대화에 나온 어휘와 문법을 복습할 수 있으며 한국어 구어의 특성을 반영한 실제적이며 실용적인 표현을 학습할 수 있습니다.

관련 어휘

단원별 어휘는 심층적으로 학습할 수 있게 제시
하였습니다. 단원별 어휘는 빈도수와 난이도를
고려하여 배치하였고 주제와 관련된다면 난이
도가 높더라도 포함시켰습니다. 발음이 어려운
어휘들은 발음 기호를 제시하여 연습할 수 있도
록 하였습니다.

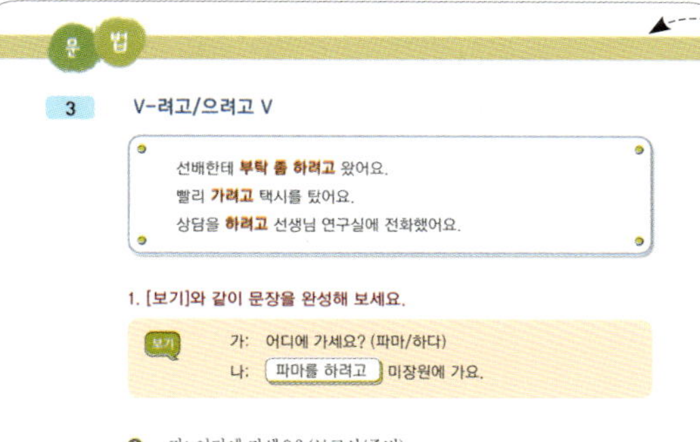

문법

단원별로 주제와 기능에 맞는 문법 요소들을
우선적으로 배열하였습니다. 그리고 연습을 할
수 있게 연습 문제도 같이 제시하였습니다.

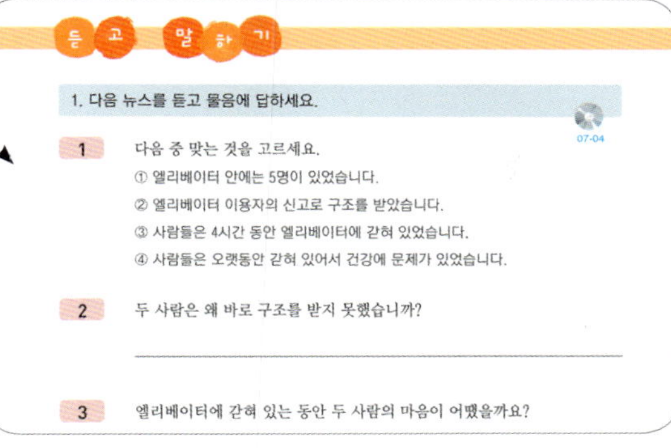

듣고 말하기

단원별로 주제와 관련된 이야기를 듣고 이해한 후 말
하기 활동을 합니다. 활동이 실제 생활로 도움이 될 수
있도록 과제로 제시하였습니다.

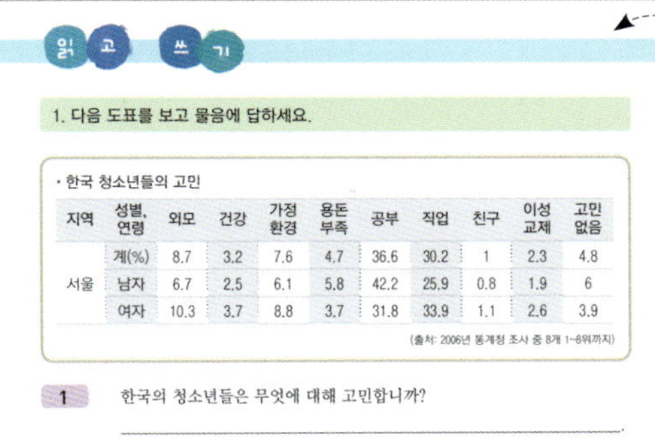

지역	성별, 연령	외모	건강	가정 환경	용돈 부족	공부	직업	친구	이성 교제	고민 없음
서울	계(%)	8.7	3.2	7.6	4.7	36.6	30.2	1	2.3	4.8
	남자	6.7	2.5	6.1	5.8	42.2	25.9	0.8	1.9	6
	여자	10.3	3.7	8.8	3.7	31.8	33.9	1.1	2.6	3.9

읽고 쓰기

단원별로 주제와 관련된 글을 읽고 이해한 후
쓰기 활동을 합니다. 학습자가 다양한 글을 읽
고 학습자 중심의 쓰기 과제를 수행할 수 있게
작문 중심의 연습활동으로 제시하였습니다.

목 차

단원	단원명	주제	상황(장면)	관련 어휘	문법	듣고 말하기	읽고 쓰기
9	발표는 어떻게 해요?	강의	1. 발표 방법 소개하기 2. 강의 소개하기 3. 조언하기	강의 유형	1. A-게 2. V-아야 하다/어야 하다/해야 하다 3. V-기로 하다	토론하기	문제 해결 방안을 제시하는 글
10	도서관에서 책을 빌린 적이 없어요	도서관	1. 도서관 자료 검색하기 2. 책 연장하기 3. 도서관 이용 시간 묻기	도서관 홈페이지 관련 어휘	1. V-ㄴ 적이 [있다/없다]/은 적이 [있다/없다] 2. A/V-네요 3. V-는지, A-ㄴ지/은지	아르바이트 경험 말하기	도서관 이용 안내 하는 글
11	이번주 토요일에 집들이를 하려고 해요	초대	1. 초대하기 2. 선물 정하기 3. 참석하기	이사	1. A/V-면 되다/으면 되다 2. A/V-ㄹ 때/을 때 3. N나/이나	집들이 선물하기	건강 상식에 관한 글
12	한국 요리 할 줄 알아요?	음식	1. 제안하기 2. 요리 방법 말하기 3. 건강 음식 추천하기	요리	1. V-ㄹ 줄 [알다/모르다]/을 줄 [알다/모르다] 2. '으' 불규칙 3. N보다	면접 보기	요리 방법 설명하는 글
13	이 치마를 입어 봐도 돼요?	쇼핑	1. 인터넷으로 물건 사기 2. 물건 사기 3. 교환하기	사이즈	1. 'ㅎ' 불규칙 2. A/V-겠- 3. V-나요?, A-ㄴ가요?/은가요?	물건 교환/환불하기	반품 신청 하는 글
14	저는 매일 아침마다 조깅을 해요	건강	1. 문병하기 2. 의견 나누기 3. 추천하기	병원	1. 'ㅅ' 불규칙 2. A-아 보이다/어 보이다/해 보이다 3. N밖에	특별한 경험 말하기	건강 관리 방법 소개 하는 글
15	주변이 조용한 원룸이면 좋겠어요	이사	1. 방 구하기 2. 집 정보 문의하기 3. 이사하기	집	1. A/V-지요? 2. V-아 있다/어 있다 3. V-는군요 A-군요 N군요/이군요	집 수리 요청하기	광고
16	길 좀 물어볼게요	교통 2	1. 길 묻기 2. 정보 알려주기 3. 정보 구하기	버스 종류	1. '르' 불규칙 2. V-다가 3. A-아지다/어지다/해지다	도움 요청하기	일기
17	제주도에 가려고 해요	여행	1. 여행 계획 말하기 2. 비행기표 예매하기 3. 여행 일정 말하기	관광지	1. V-래요?/을래요? – V-래요/을래요 2. V-자마자 3. V-는 동안	여행 정보 문의하기	여행지 추천하는 글
18	혹시 강의 평가 했어요?	학사	1. 수강 신청하기 2. 수강 정정하기 3. 성적 확인하기	교육과정	1. V-ㄴ다고 하다/는다고 하다 A-다고 하다 2. N라고 하다/이라고 하다 3. A/V-기 때문에 N-기 때문에/이기 때문에	인생 계획 말하기	우화

동건(남, 한국)

28세 / 한국어학과 4학년

진영(남, 한국)

27세 / 한국어학과 대학원생 / 조교

지훈(남, 한국)

25세 / 한국어학과 3학년

유나(여, 한국)

22세 / 한국어학과 2학년

준코(여, 일본)

22세 / 한국어학과 2학년

라이언(남, 미국)

23세 / 한국어학과 2학년

누라슬(여, 카자흐스탄)

21세 / 한국어학과, 경영학과
(복수전공) 2학년

왕웨이(남, 중국)

21세 / 한국어학과 1학년

첸첸(여, 중국)

21세 / 한국어학과 1학년

01 수원역에 갈 거예요

생각해 봅시다

- 학교에 어떻게 오세요?
- 무엇이 가장 편해요?

첸 첸	수업이 끝난 후에 수원역에 갈 거예요.
왕웨이	수원역에요?
첸 첸	네. 그런데 몇 번 버스가 수원역에 가요?
왕웨이	글쎄요. 저는 잘 모르겠어요.
누라슬	제가 알아요. 7번 버스를 타세요. 그 버스가 수원역으로 가요.
첸 첸	고마워요, 누라슬.

어휘	발음
후, 번, 글쎄요, 타다	끝난 [끈난]

01-02

택시기사	어디 가세요?
누 라 슬	경희대요. 아저씨, 제가 좀 늦었어요. 수업 시작하기 전에 도착할 수 있어요?
택시기사	지금은 길이 막히는 시간이라서 그 시간까지는 좀 힘들어요.
누 라 슬	제가 빠른 길을 알아요. 저 사거리를 지난 후에 오른쪽으로 가 주세요.
택시기사	알겠습니다.

어휘	**발음**
늦다, 길이 막히다, 힘들다, 사거리, 지나다	도착할 수 있어요 [도차칼 쑤 이써요] 막히는 [마키는]

첸 첸	날씨가 안 좋아요. 비가 오기 전에 빨리 가요.
준 코	그런데 우리 어떻게 가요?
진 영	어! 첸첸, 준코. 어디에 가요?
준 코	신촌에 갈 거예요.
진 영	그럼, 제가 지하철역까지 태워 줄까요?
준 코	아~ 고마워요. 그런데 신촌까지 지하철로 어떻게 가요?
진 영	1호선을 타고 신도림역에서 내린 후에 2호선으로 갈아타세요.

어휘	**발음**
날씨, 신촌, 태우다, 1호선, 신도림역, 갈아타다	신도림역 [신도림녁]

| ① 경찰관 | ② 신호등 | ③ 횡단보도 | ④ 육교 |
| ⑤ 승용차 | ⑥ 오토바이 | ⑦ 자전거 | ⑧ 가로등 |

경찰서

지구대

경찰관

경찰차

신호등

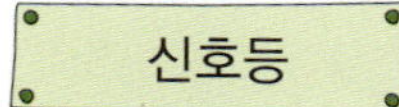

빨간불: 가지 마세요
노란불: 조심하세요
파란불: 건너가세요

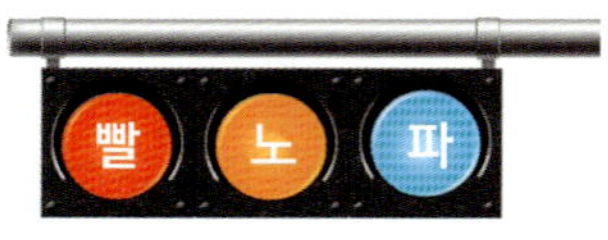

횡단보도

횡단금지
(건너지 마세요)

자전거 전용도로

버스 전용도로

우회전

좌회전

주차하세요

주차하지 마세요

1 V-ㄴ 후에/은 후에

수업이 **끝난 후에** 수원역에 갈 거예요.

점심을 **먹은 후에** 영화를 볼까요?

학교 앞에서 **내린 후에** 전화를 하세요.

1. [보기]와 같이 한 문장으로 만드세요.

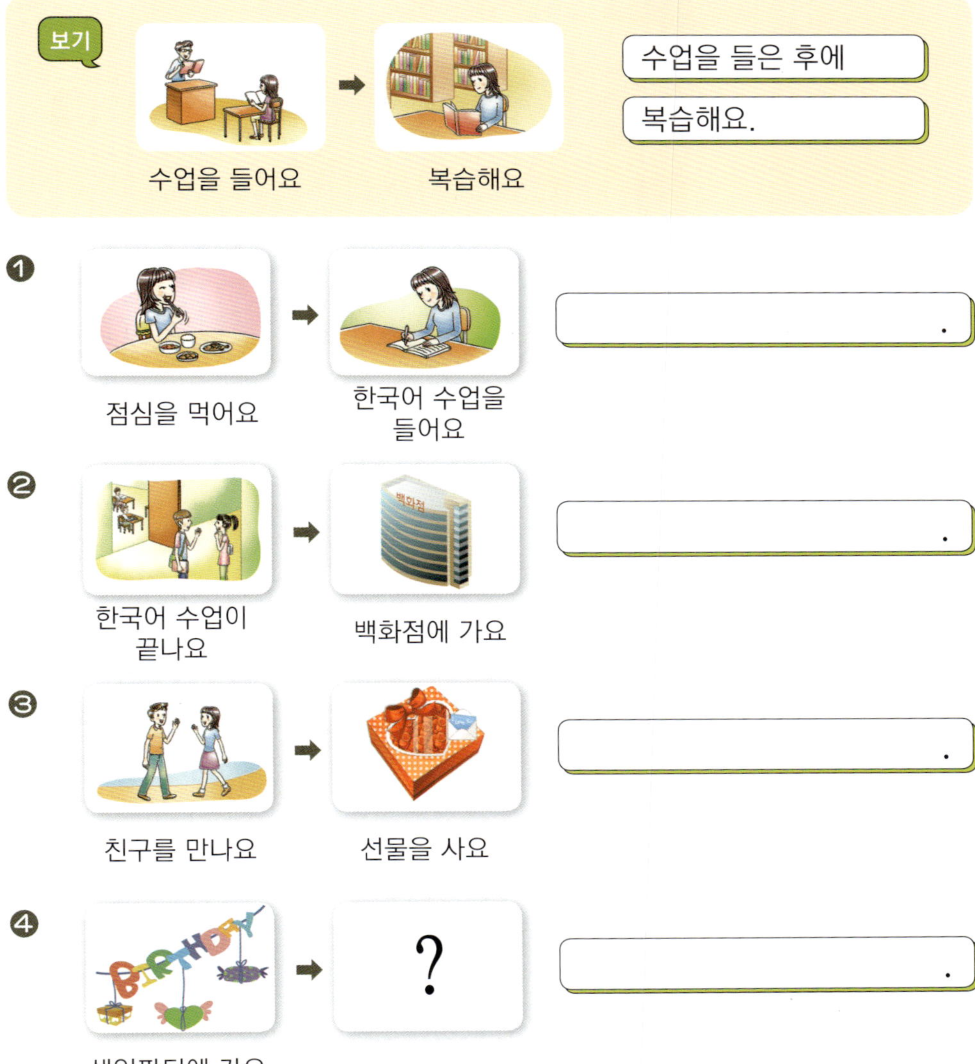

2. 그림을 보고 여러분의 하루 일과를 이야기하세요.

보기   아침 6시에 일어난 후에 샤워를 해요.

❶ 샤워를 한 후에 ______________________.

❷ ______________________ 학교에 가요.

❸ ______________________________________.

❹ ______________________________________.

2 V-기 전에

수업 **시작하기 전에** 도착할 수 있어요?

고향에 **돌아가기 전에** 한번 만납시다.

한국에 **오기 전에** 뭐 했어요?

1. [보기]와 같이 문장을 만드세요.

2. [보기]와 같이 대화를 완성하세요.

❶ 가: 택배입니다. 내일 2시에 집에 계세요?

  나: 잘 모르겠어요. 집에 [   ] 전화해 주세요.

❷ 가: 오늘 본 영화가 어땠어요? 저는 재미있었어요.

  나: 저는 영화를 [   ] 이야기를 들어서 재미없었어요.

❸ 가: 이번 과제는 언제까지 냅니까?

  나: 학기가 [   ] 이메일로 보내세요.

❹ 가: 이 약은 식사한 후에 먹어요?

  나: 아니요. 그 약은 [   ] 드세요.

3 V-아 주다/어 주다/해 주다

제가 지하철역까지 **태워 줄까요?**

이 책 좀 **빌려 줄 수 있어요**?

제 숙제 좀 **도와주세요.**

1. [보기]와 같이 문장을 완성하세요.

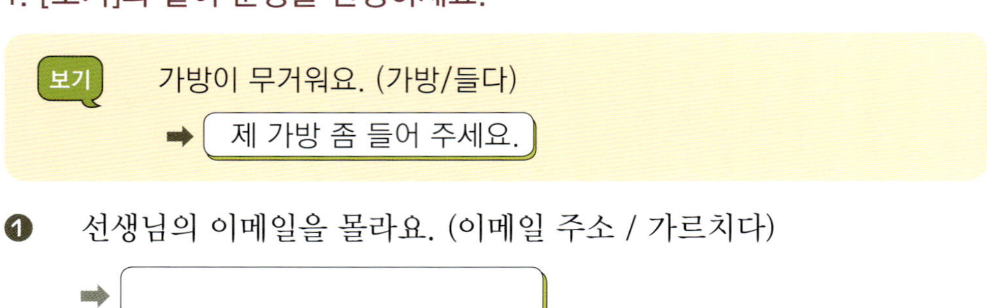

❶ 선생님의 이메일을 몰라요. (이메일 주소 / 가르치다)

➡

❷ 오늘 휴대폰을 안 가져 왔어요. (휴대폰 / 빌리다)

➡

❸ 날씨가 정말 더워요.

➡

❹ 오늘까지 해야 하는 일이 너무 많아요.

➡

2. 다음 상황에서 어떻게 도와 줄 수 있을까요? [보기]와 같이 이야기하세요.

가: 한국어 책을 안 가져 왔어요.

나: 저는 오늘 수업이 없어요. 제가 빌려 드릴까요?

❶ 

가: 내일 시험이 있어요. 그런데 하나도 모르겠어요.

나: .

❷ 

가: 3시에 홍콩으로 출발하는 비행기 표를 예매할 수 있어요?

나: .

❸ 

가: 여보세요? 지금 김 선생님 계세요?

나: .

❹ 

가: 경희대학교 국제교류처 전화 번호를 알고 싶어요.

나: .

3. 다음 상황에 맞는 대화를 [보기]와 같이 만들어 이야기하세요.

보기 [학과 사무실에서]

가: 네. 한국어학과 사무실입니다.

나: 안녕하세요? 저는 신입생입니다. 김현우 교수님 좀
　　 바꿔 주세요.

가: 교수님은 지금 안 계십니다. 휴대 전화 번호를
　　 알려 드릴까요?

나: 아니요. 휴대 전화 번호는 알고 있어요. 하지만 전화를
　　 안 받으세요.

가: 그럼, 메모를 전해 드릴까요?

나: 장학금 신청에 필요한 서류를 메일로 보냈습니다.
　　 이 말을 전해 주세요.

가: 알겠습니다.

나: 감사합니다.

① [은행에서]
　　 가: 은행 직원
　　 나: 카드 비밀번호를 잊어버린 손님

② [백화점에서]
　　 가: 점원
　　 나: 옷을 사러 온 손님

1. 다음 대화를 듣고 물음에 답하세요.

01-04

가	나	다	라
마	바	사	아
자	차	카	타

1 지훈이가 어제 한 일을 순서대로 쓰세요

(가) → (　　　) → (　　　) → (　　　)

2 다음을 읽고 맞으면 O, 틀리면 X 하세요.

① 첸첸은 누라슬의 집을 압니다. (　　　)

② 첸첸은 어제 지훈에게 전화를 했습니다. (　　　)

③ 지훈은 친구하고 같이 점심을 먹었습니다. (　　　)

④ 지훈은 기숙사에 돌아오기 전에 은행에 갔습니다. (　　　)

2. [보기]와 같이 지도를 보고 이야기해 보세요.

병원   편의점   은행   백화점   옷가게   서점   사진관

 보기

가: 누라슬의 집이 어디에 있어요?
　　가르쳐 주세요.
나: 앞으로 쭉 가세요. 사거리에서 왼쪽으로 가세요.
가: 사거리에서 왼쪽으로요?
나: 네. 영통 병원 옆이에요.

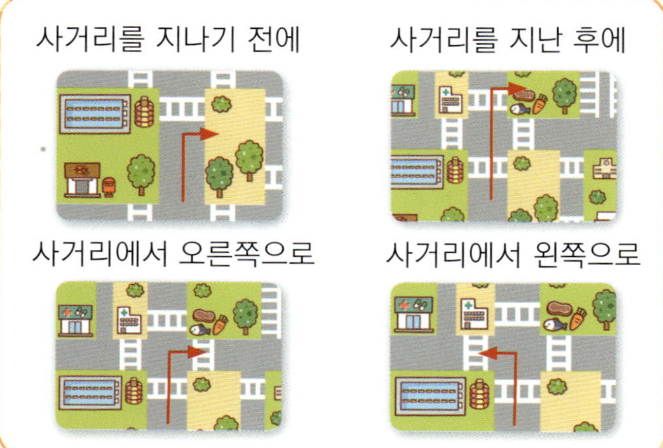

 보기

누라슬 집
병원, 편의점,
은행, 백화점,
옷가게, 서점,
사진관

1. 다음은 이메일(e-mail)입니다. 그리고 질문에 읽고 물음에 대답하세요.

에디터 ▾ 돋움 ▾ 10pt ▾ 가 가 _가_ 가 가 ▾ 🎨 ▾ 🖍 | ▤ ▥ ▦ ▧ | ☰ ☱ | 🔗 ▦ 😊 ▦ 🖼 ✂

안녕하세요. 선생님.
저는 컴퓨터학과 1학년 아제르입니다.
제가 이번 주 토요일에 한국어 말하기 대회에 참가합니다.
그래서 말하기 대본을 ㉮_____________________.
말하기 주제는 '한국 친구'입니다.
선생님께서 읽으신 후에 고쳐 줄 수 있으세요?
그리고 말하는 것도 봐 주시면 좋겠어요.

'한국어 말하기 대회'에는 몇 가지 규칙이 있습니다.
1) 내용이 ㉯__________________
2) 문법이 ㉰__________________
3) 발음이 ㉱__________________
선생님, 언제 시간이 괜찮으세요? 좀 도와 주세요.

서명안씀 ▾ ☑ 이름표사용

➡ 보내기 ｜ 미리보기 ｜ 임시저장

---

1 아제르는 왜 편지를 썼습니까?

① 발음 연습 ② 말하기 공부

③ 말하기 대회 신청 ④ 말하기 대회 준비

2 이번 말하기 대회의 주제는 무엇입니까?

____

3 ㉮~㉱에 들어갈 말로 알맞지 <u>않은</u> 것을 고르세요.

① ㉮준비해야 합니다 ② ㉯재미있어야 합니다

③ ㉰비슷해야 합니다 ④ ㉱좋아야 합니다

4 아직 제목을 쓰지 않았어요. 여러분이 제목을 써 주세요.

____

2. 여러분도 도움을 요청하는 글을 써 보세요.

[상황 1]

자기 소개서 쓰기

저는 내일까지 자기 소개서를 학교에 내야 합니다. 장학금 신청 서류에 필요합니다. 그래서 선배님의 도움이 필요합니다.

[상황 2]

비행기표 예약 확인

저는 다음 주에 고향에 갑니다. 그래서 비행기표를 예약했습니다. 하지만 예약을 확인하는 것이 어렵습니다. 그래서 친구의 도움이 필요합니다.

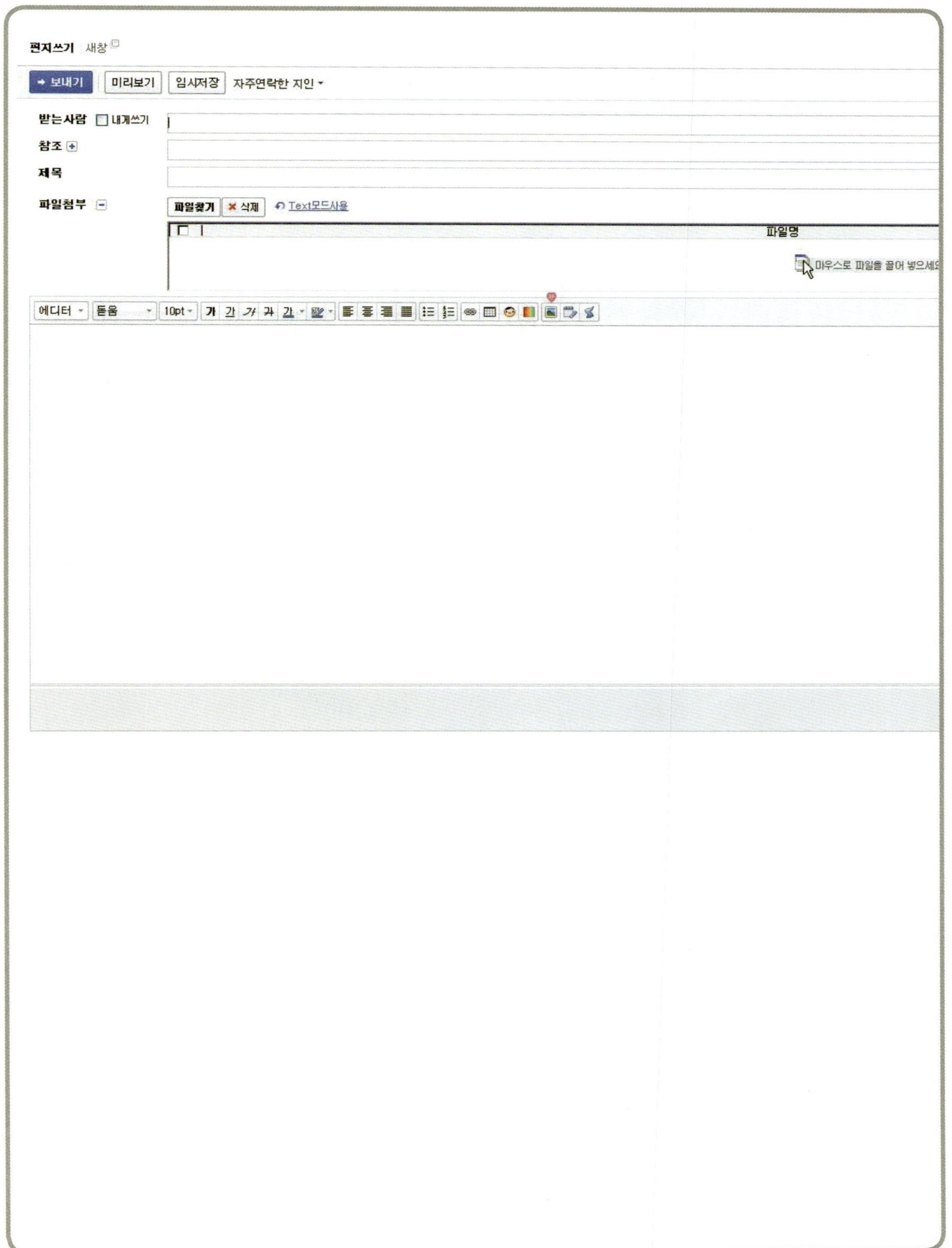
편지쓰기 새창
보내기
미리보기
임시저장
자주연락한 지인
받는사람 내게쓰기
참조
제목
파일첨부
파일찾기
삭제
Text모드사용
파일명
마우스로 파일을 끌어 넣으세요
에디터
돋움
10pt

목이 아프고 열이 나요

생각해 봅시다

- 많이 아프면 어떻게 해요?

- 한국에서 병원에 가 봤어요?

의 사	어떻게 오셨습니까?
라이언	어제부터 목이 아프고 열이 나요.
의 사	기침도 합니까?
라이언	네. 밤에 기침을 많이 해요.
의 사	콧물도 나옵니까?
라이언	아니요. 콧물은 안 나와요.
의 사	'아~'해 보세요.
라이언	아~
의 사	목감기입니다. 따뜻한 물을 자주 마시고 말을 많이 하지 마세요.

어휘	발음
의사, 목이 아프다, 열이 나다, 기침, 콧물이 나오다, 목감기, 따뜻하다	열이 나요 [여리 나요] 따뜻한 [따뜨탄] 콧물은 안 나와요 [콘무른 안 나와요]

약 사	처방전 주세요.
라이언	여기 있습니다.
약 사	잠깐 앉아서 기다리세요.
라이언	네.
약 사	라이언 씨, 약이 나왔습니다. 아침, 점심, 저녁 하루에 세 번 드세요. 반드시 식사 후에 드세요. 모두 삼 일분입니다.
라이언	네. 알겠습니다.

어휘	발음
약국, 약사, 처방전, 약이 나오다, 하루, 반드시, 삼일 분	앉아서 기다리세요 [안자서 기다리세요] 삼 일분 [사밀분]

동 건	어디 아파요? 안색이 안 좋아요.
라이언	목감기에 걸려서 좀 아팠어요. 지금은 괜찮아요.
동 건	다행이에요. 평소에 규칙적으로 운동을 좀 하세요.
라이언	네. 앞으로 그렇게 하려고요. 그런데 무슨 운동이 좋을까요?
동 건	수영 어때요?
라이언	좋아요. 이 근처에 수영장이 있어요?
동 건	네. 있어요. 내일 같이 가 봐요.

어휘	발음
다행이다, 평소, 규칙적, 안색	규칙적 [규칙쩍]

비상약

⑤ 체온계
② 반창고
⑦ 핀셋
⑥ 가위
③ 진통제
④ 연고
⑧ 소독약
① 붕대
MORNING
AFTERNOON
EVENING
NIGHT

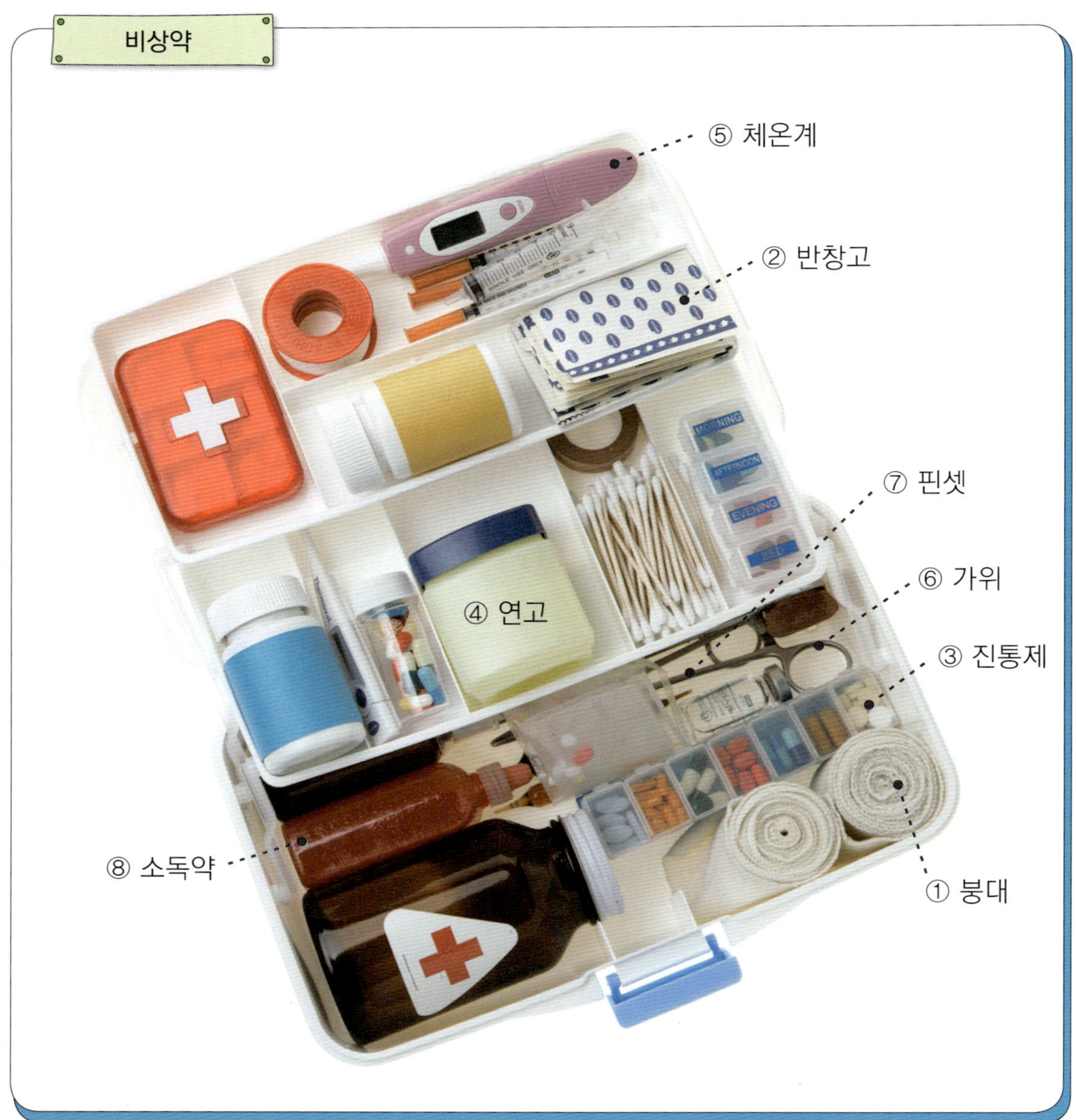

1 V-지 말다

> 말을 많이 **하지 마세요**.
> 밖에 **나가지 마세요**.
> 교실에서 **떠들지 마세요**.

1. [보기]와 같이 문장을 완성해 보세요.

> **보기** 도서관에서 음식을 [먹지 마세요.] (먹다)

❶ 수업 시간에 [   ] . (떠들다)

❷ 수업에 [   ] . (늦다)

❸ 영화관에서 [   ] . (전화하다)

❹ 커피를 많이 [   ] . (마시다)

2. 그림을 보고 [보기]와 같이 써 보세요.

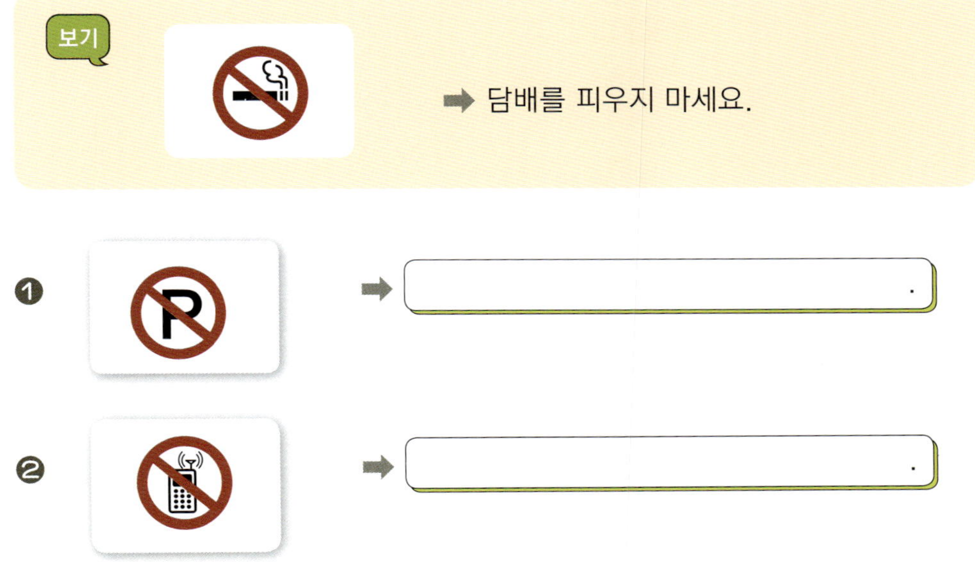

보기 ➡ 담배를 피우지 마세요.

❶ ➡ [   ] .

❷ ➡ [   ] .

❸ 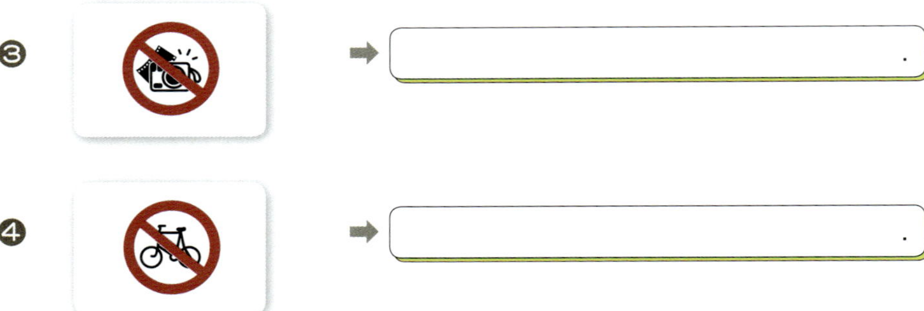

➡ ________________________ .

❹

➡ ________________________ .

3. 다음 장소에서 무엇을 하면 안 될까요?

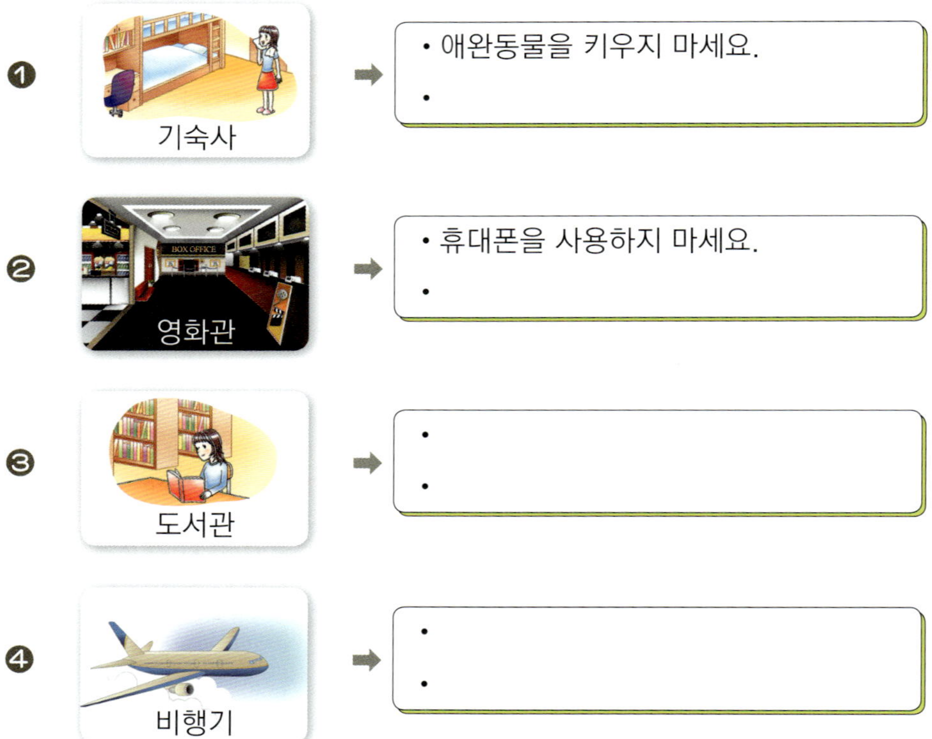

❶ 기숙사

➡
- 애완동물을 키우지 마세요.
-

❷ 영화관

➡
- 휴대폰을 사용하지 마세요.
-

❸ 도서관

➡
-
-

❹ 비행기

➡
-
-

V-아 보다/어 보다/해 보다

'아~' **해 보세요**.

책을 **읽어 보세요**.

제주도에 한번 **가 보세요**.

*한국 노래를 **들어 봤어요**.

1. [보기]와 같이 대화를 완성해 보세요.

보기

가: 저 음식이 매울까요?

나: 안 매워요. 한번 먹어 보세요. (먹다)

❶ 가: 무슨 운동이 좋을까요?

나: 요가가 건강에 좋아요. 한번 ＿＿＿＿＿＿＿＿. (배우다)

❷ 가: 치마 좀 보여 주세요.

나: 손님, 이 치마 한번 ＿＿＿＿＿＿＿＿. (입다)

잘 어울릴 거예요.

❸ 가: 어제부터 열이 나고 목이 아파요.

나: ＿＿＿＿＿＿＿＿. (병원에 가다)

❹ 가: 무슨 책이 재미있어요?

나: 이 책 어때요? 한번 ＿＿＿＿＿＿＿＿. (읽다)

아주 재미있을 거예요.

2. [보기]와 같이 대화를 완성해 보세요.

> **보기**
>
> 가: 이 음악을 　들어 봤어요?
>
> 나: 아니요. 안 들어 봤어요.

❶ 가: 이 음식 ____________________?

　　나: 네. 먹어 봤어요.

❷ 가: 이 책 ____________________?

　　나: 아니요. 안 읽어 봤어요.

❸ 가: 스노보드 ____________________?

　　나: 네. 타 봤어요.

❹ 가: 여의도 불꽃 축제에 ____________________?

　　나: 아니요. 안 가 봤어요.

3. [보기]와 같이 경험한 곳을 소개해 보세요.

> **보기**
>
> 〈한국〉
> - 가 본 곳: 남대문 시장
> - 해 본 것: 쇼핑−물건값이 싸요.
> - 먹어 본 음식: 삼겹살과 소주
> - 추천하고 싶은 것: 한옥 체험

저는 한국 남대문 시장에 가 봤어요. 물건값이 싸서 쇼핑을 많이 했어요. 그리고 삼겹살과 소주도 먹어 봤어요. 싸고 맛있었어요. 저는 한옥 마을 민박집에서 잤어요. 허리가 조금 아팠지만 기분이 좋았어요. 여러 분도 한국에 오시면 남대문 시장과 한옥마을에 꼭 가 보세요.

3 V-아서/어서/해서

> 잠깐 **앉아서** 기다리세요.
>
> 약국에 **가서** 약을 받았어요.
>
> 강남역에서 **내려서** 3번 출구로 나오세요.

1. [보기]와 같이 문장을 완성하세요.

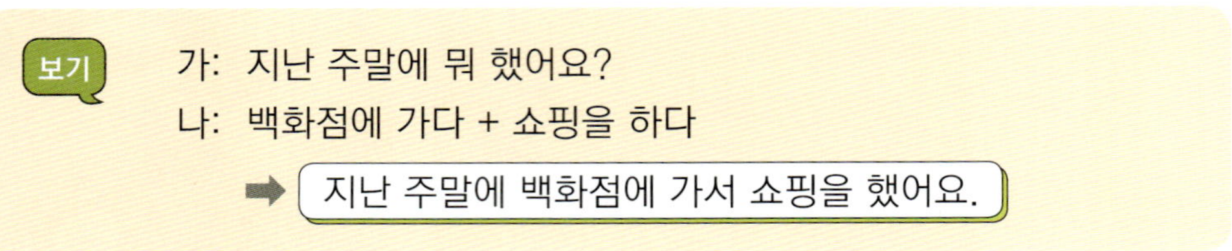

보기

가: 지난 주말에 뭐 했어요?

나: 백화점에 가다 + 쇼핑을 하다

➡ 지난 주말에 백화점에 가서 쇼핑을 했어요.

❶ 가: 어제 저녁에 무엇을 했어요?

나: 친구를 만나다 + 영화를 보다

➡ ____________________ .

❷ 가: 오늘 아침에 무엇을 했어요?

나: 일어나다 + 공원에서 운동하다

➡ ____________________ .

❸ 가: 지난주 금요일에 무엇을 했어요?

나: 병원에 가다 + 진찰을 받다

➡ ____________________ .

❹ 가: 이번 주말에 무엇을 할 거예요?

나: 여행가다 + 친구와 놀다

➡ ____________________ .

2. 다음은 제니퍼의 하루입니다. 그림을 보고 이야기를 만들어 보세요.

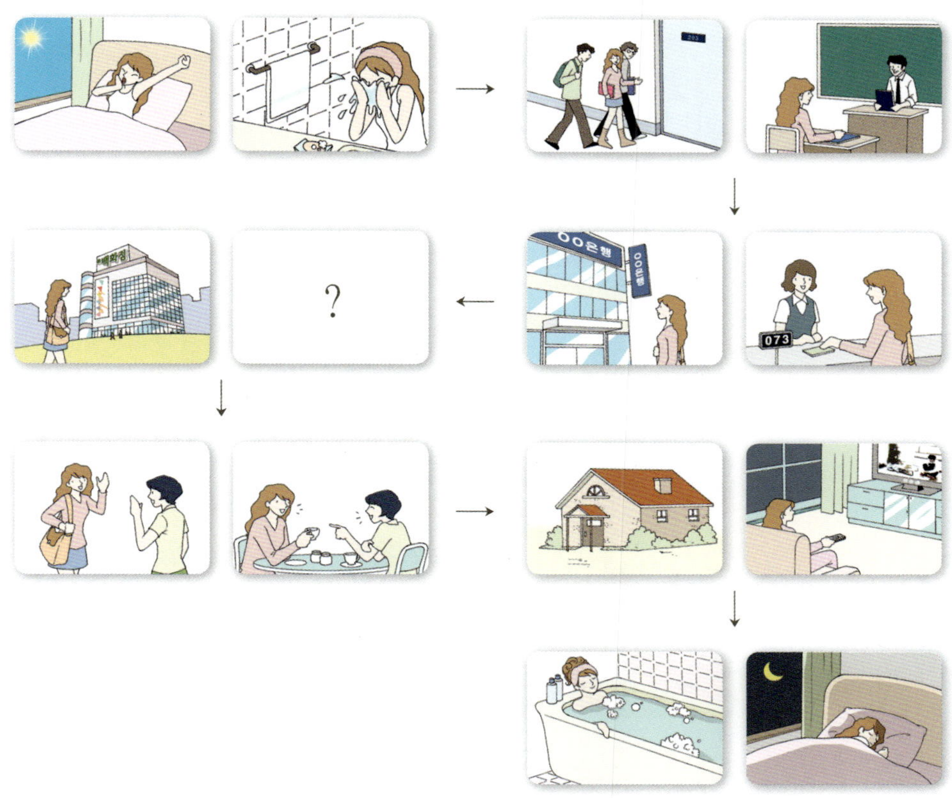

제니퍼는 아침에 일어나서 세수를 했습니다.

3. 다음 지도를 보고 오늘 가야 할 곳에 대해 이야기해 보세요.

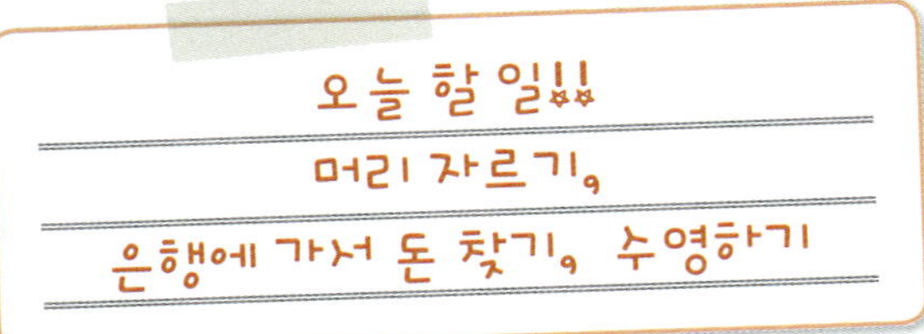

보기

가: 학교에서 미용실에 어떻게 가요?

나: 학교 앞에서 31번을 타고 공원 앞에서 내리세요.

그리고 공원 앞에서 횡단보도를 건너서 경찰서를 지나서

오른쪽 횡단보도를 건너세요.

그럼 미용실이 보일 거예요.

⋮

1. 다음 대화를 듣고 물음에 답하세요.

02-04

1 들은 내용과 같은 것을 골라 보세요.
① 장리는 지금 목이 아픕니다.
② 라이언은 병원에 가 봤습니다.
③ 장리는 지난주에 병원에 갔습니다.
④ 라이언은 장리와 같이 병원에 가려고 합니다.

2 라이언은 왜 잠을 못 잤어요?

____

3 장리는 라이언에게 무슨 말을 해 주었어요?

____

2. 여러분의 나라에서는 아플 때 어떻게 해요? 친구들과 이야기해 보세요.

아파요	한국			
목	생강차를 마셔요			

1. 다음 병원 안내글을 읽고 물음에 답하세요.

경희의료원

- 진료과목: 내과, 소아과, 이비인후과, 치과, 정형외과, 한의과
- 진료시간: 평일 오전 09:30 ~ 오후 6:30

  토요일 오전 09:30 ~ 오후 03:00

  점심시간 12:00~13:30

  일요일은 진료가 없습니다.
- 진료안내 ① 접수창구에서 접수

  ② 해당 진료과에 접수증 제출

  ③ 진료 후 진료비 수납

  ④ 검사, 처방전 수령, 예약 후 귀가

1 경희의료원에서 누가 진료를 받을 수 있을까요?

① 누라슬: 눈이 아파요.

② 라이언: 여드름이 났어요.

③ 요코: 월요일 오후 5시에 접수했어요.

④ 첸리: 토요일 오후 3시에 병원에 도착했어요.

2 종합병원에 가서 가장 먼저 할 일은 무엇일까요?

____

3 진료 후에 받아야 하는 것은 무엇입니까?

____

2. 여러분 나라의 공공기관 이용안내에 대해 써 보세요.

공공기관	
언제 열어요?	
언제 닫아요	
언제 쉬어요?	
이것은 꼭 지키세요!	

도서관

이용시간

이용규칙

03 어젯밤에 벼락치기했어요?

- 시험공부는 보통 어디에서 해요?

- 혼자 공부해요? 아니면 친구들과 같이 공부해요?

03-01

유 나　뭐하고 있어요? 자요?

준 코　잠깐 졸았어요.

유 나　어제 벼락치기했어요?

준 코　어제 벼락 안 쳤어요. 날씨 좋았어요.

유 나　그런 뜻이 아니에요. 벼락치기는 한꺼번에 공부하는 거예요.

준 코　아~ 벼락치기해서 졸리고 피곤해요.

어휘	발음
졸다,　벼락치기하다,　뜻, 졸리다	쳤어요 [쳐써요] 뜻이 [뜨시]

진　영　　시험은 50분 동안 보겠습니다. 지금부터 시작하세요.

　　　　　잠시 후

진　영　　이게 뭐예요? 사전이에요?

왕웨이　모르는 단어가 있어서요.

진　영　　시험 볼 때 사전을 보면 안 돼요.

왕웨이　죄송해요. 몰랐어요.

진　영　　모두 사전을 가방에 넣으세요.

어휘	발음
동안, 시작하다, 시험을 보다, 넣다	넣으세요 [너으세요]

왕웨이	이번 역사 시험 너무 어려웠어요.
첸 첸	저는 시간이 부족해서 두 문제를 못 풀었어요.
유 나	걱정하지 마세요. 기말시험을 잘 보면 돼요.
첸 첸	하지만...
유 나	그럼 기말고사 때는 같이 공부해요.
왕웨이	좋아요. 우리 시험 끝났으니까 밥 먹으러 가요.
유 나	좋아요.

어휘	발음
역사, 부족하다, 문제를 풀다, 기말시험, 걱정하다	부족해서 [부조캐서] 끝났으니까 [끈나쓰니까]

시험

- 쪽지 시험(퀴즈), 중간고사, 기말고사, 입학 시험, 졸업 시험, 면접(인터뷰)
- 시험을 보다

  시험을 잘 보다 ↔ 시험을 못 보다

  시험에 합격하다 ↔ 시험에 불합격하다

  시험에 붙다 ↔ 시험에 떨어지다

  시험에 통과하다

성적

- A학점을 받다(B,C,D,F)

  학점을 잘 받다 ↔ 학점을 못 받다

  학사경고를 받다

  재수강하다

  학점을 확인하다

  학점을 포기하다

1   V-고 있다

뭐**하고 있어요**? 자요?

준코가 책을 **읽고 있어요**.

왕웨이가 영화를 **보고 있어요**.

1. [보기]와 같이 그림을 보고 문장을 써 보세요.

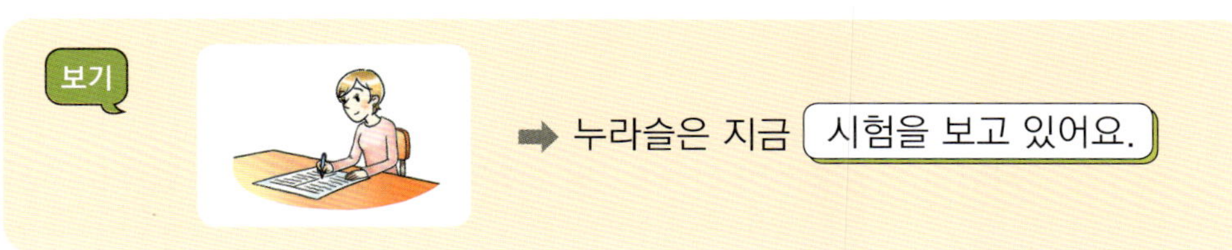

2. 다음 그림을 보고 '–고 있다'를 이용해서 이야기를 만들어 보세요.

여기는 버스 터미널이에요. 버스 터미널에는 사람들이 많아요. 한국에 오

여행자는 안내데스크에서 여행 정보를 묻고 있어요.

---

2 A/V-면/으면

> 시험 볼 때 사전을 **보면** 안 돼요.
> **아프면** 병원에 가세요.
> 내일 비가 **오면** 쇼핑가지 맙시다.

1. [보기]와 같이 문장을 연결하여 한 문장으로 써 보세요.

보기 배가 아프다	●	● 게임을 해요.
❶ 장학금을 받다	●	● 부모님이 기뻐하실 거예요.
❷ 심심하다	●	● 스키를 타러 갈 거예요.
❸ 눈이 오다	●	● **병원에 가세요.**
❹ 기분이 나쁘다	●	● 저에게 전화하세요.

❶ ______________________________ .

❷ ______________________________ .

❸ ______________________________ .

❹ ______________________________ .

2. [보기]와 같이 질문에 답하고 친구와 이야기해 보세요.

질문	나	친구
[보기] 심심하면 무엇을 해요?	책을 읽어요.	
1. 밤에 잠이 안 오면 어떻게 하세요?		
2. 길에서 이상형을 만나면 어떻게 할 거예요?		
3. 스트레스가 쌓이면 어떻게 하세요?		
4. 하루 동안 남자/여자로 바뀌면 뭐 하고 싶어요?		
5. ?		

3   A/V-니까/으니까

시험 **끝났으니까** 밥 먹으러 가요.

날씨가 **좋으니까** 공원에서 산책합시다.

오늘은 **바쁘니까** 내일 다시 오세요.

1. [보기]와 같이 질문에 대답해 보세요.

❶ 가: 내일 뭐 할까요?

나: [   ].

❷ 가: 지금 나갈까요?

나: 지금은 밖에 비가 많이 오니까 [   ].

❸ 가: 언제 대학로에 놀러 갈까요?

나: [   ] 토요일에 갑시다.

❹ 가: 여기에서 인사동은 어떻게 갑니까?

나: 미안해요. [   ] 유나한테 물어보세요.

2. [보기]와 같이 문장을 완성해 보세요.

보기 [수원역에 4시까지 가야 하니까] 오후 3시에 학교 정문 앞에서 만납시다.

❶ [   ] 고향 생각이 나요.

❷ 숙제가 많으니까 [   ].

❸ 다음 주에 여행을 가니까 [   ].

❹ [   ] 열심히 공부하세요.

1. 다음 대화를 듣고 물음에 답하세요.

03-04

1 첸첸이 본 뉴스에 무슨 기사가 나왔습니까?

____

2 들은 내용과 같은 것은 무엇입니까?

① 뉴스에 나온 사람은 복권이 1등에 당첨되었습니다.

② 당첨된 복권은 모두 일억 천만원입니다.

③ 지훈이는 복권에 당첨된 사람이 부럽습니다.

④ 지훈이는 전에 복권에 당첨되었습니다.

3 첸첸은 복권에 당첨되면 무엇을 해 보고 싶어 합니까?

____

2. 1억원 복권에 당첨되면 여러분은 무엇을 하고 싶어요? 왜 그것을 하고 싶어요? 3가지 이상 이야기해 보세요.

1 여러분이 하고 싶은 것은 뭐예요?

①_______________________________________

②_______________________________________

③_______________________________________

2 친구들이 하고 싶은 것은 뭐예요? 우리 반에서 제일 재미있는 소원을 말한 사람은 누구예요?

____

1. 다음은 한국어 능력시험에 관한 소개글입니다. 읽고 물음에 답하세요.

▶ 시험 일자
 - 매년 1월, 4월, 7월, 9월에 실시

▶ 시험 접수 방법
 - 인터넷으로 접수 가능
 - 응시료: 40,000원

▶ 시험 시간

구분	레벨	1교시	2교시
		어휘 · 문법/쓰기	듣기/읽기
일반한국어 (S-TOPIK)	초 급	09:00~10:30	11:00~12:30
	중 급	14:00~15:30	16:00~17:30
	고 급	09:00~10:30	11:00~12:30

▶ 문항구성

레 벨	평가 등급	합격 점수	과락 점수
초 급	1급	50점 이상	40점 미만
	2급	70점 초과	50점 미만
중 급	3급	50점 이상	40점 미만
	4급	70점 초과	50점 미만
고 급	5급	50점 이상	40점 미만
	6급	70점 초과	50점 미만

1 읽은 내용과 <u>다른</u> 것을 고르세요.

① 한국어 능력시험은 모두 6급까지 있습니다.

② 시험은 모두 2시간 동안 4과목을 봅니다.

③ 시험은 컴퓨터로 접수할 수 있습니다.

④ 시험은 일 년에 4번 봅니다.

2 오전에는 어떤 시험이 있습니까?

____

3 초급에서 70점을 받으면 몇 급에 합격합니까?

2. 지난주 금요일은 기말고사였습니다. 다음은 준코가 목요일 저녁에 한 일입니다.
그림을 보고 이야기를 만들어 보세요.

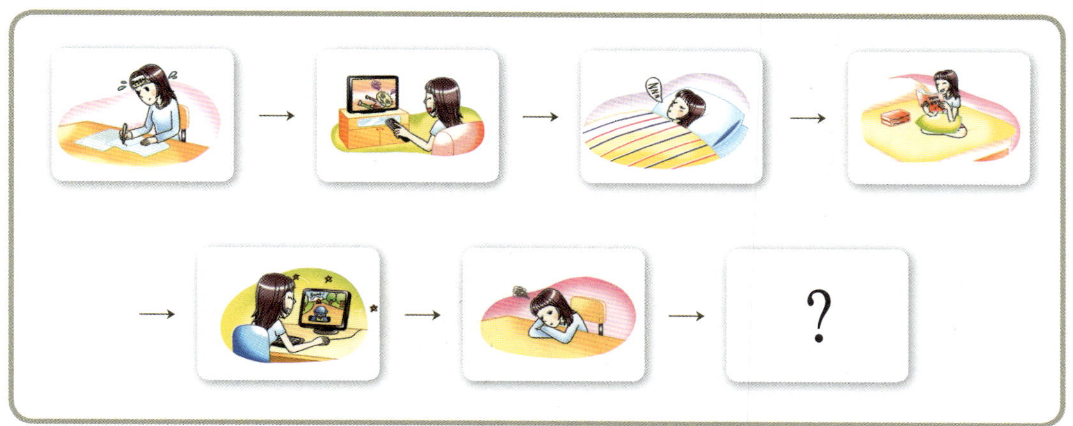

시험 보기 전, 준코는 책상에 앉아서 공부를 시작했습니다.

전화 받으세요

생각해 봅시다

- 여러분은 어떤 전화를 이용해요?

- 누구에게 주로 전화해요?

점 원	네. 자장마을입니다.
왕웨이	여기 경희대 기숙사 3052호예요. 지금 배달돼요?
점 원	네. 됩니다.
왕웨이	자장면 세 개하고 탕수육 하나 갖다 주세요.
점 원	탕수육은 대, 중, 소가 있는데 어떤 것으로 배달해 드릴까요?
왕웨이	3명이 먹을 거예요.
점 원	그러면 중으로 하세요.
왕웨이	그럼 자장면 세 개, 탕수육 중으로 주세요.
점 원	네. 알겠습니다.

어휘	발음
배달되다, 자장면, 탕수육, 갖다 주다, 대, 중, 소	갖다 주세요 [갇따 주세요]

조 교	여보세요?	
첸 첸	저 한국어학과 1학년 첸첸인데요.	
조 교	아, 첸첸.	
첸 첸	박 교수님을 뵙고 싶은데 전화를 안 받으세요.	
조 교	수업 중이시거나 회의 중이실 거예요. 무슨 일인데요?	
첸 첸	교수님과 면담하고 싶어요.	
조 교	그럼 한 시간 후에 다시 전화해 보세요.	

어휘	발음
회의 중, 면담하다	한국어학과 1학년[한구거하꽈 일항년]

04-03

사용요금 조회는 1번, 분실신고는 2번,
상담원 연결은 0번을 눌러 주세요. 삐~

상담원	무엇을 도와드릴까요?
라이언	요금제를 바꾸고 싶은데요.
상담원	전화번호가 010-1234-5678 맞습니까?
라이언	네. 맞습니다.
상담원	고객님의 신분을 확인하겠습니다. 주민등록번호 앞 6자리를 말씀해 주시겠습니까?
라이언	저는 외국 사람인데요.
상담원	그럼 외국인등록번호나 주소를 말씀해 주세요.

어휘

요금제,　고객님,　신분,
확인하다,　주민등록번호,　외국

발음

확인하겠습니다[화긴하게씀니다]

1. 전화를 다른 사람이 받았을 때

가: 여보세요?
나: 저는 친구 동건인데요. 첸첸 씨 좀 바꿔 주세요.

2. 전화를 바꿀 때

가: 동건 씨 있어요?
나: 네. 잠깐만요. 동건 씨, 전화 받으세요.

3. 찾는 사람이 없을 때

가: 실례지만 김 선생님 계세요?
나: 아니요. 잠깐 나갔는데요.

4. 메모를 남길 때

가: 오늘 동건 씨하고 약속을 했는데 일이 생겨서요.
나: 그래요? 그럼, 메모 전해 드릴게요.

5. 전화가 잘못 왔을 때

가: 201-2113 아니에요?
나: 잘못 거셨습니다. 여기는 201-2114입니다.
가: 죄송합니다.

1   V-는데, A-ㄴ데/은데

> 탕수육은 대, 중, 소가 **있는데** 어떤 것으로 배달해 드릴까요?
>
> 오늘 날씨가 **흐린데** 등산은 다음에 가는 게 어때요?
>
> 오늘이 여자 친구 **생일인데** 무슨 선물이 좋을까요?

1. [보기]에서 알맞은 단어를 찾고 문장을 완성해 보세요.

재미있다   춥다   출발하다   어렵다   **싶다**   보다   받다   없다

보기   준코 씨하고 통화하고 [**싶은데**] 준코 씨를 바꿔 주시겠어요?

❶ 지금 조교님이 사무실에 [＿＿＿＿＿] 나중에 다시 오겠어요?

❷ 내일 일찍 [＿＿＿＿＿] 오늘은 일찍 자는 게 어때요?

❸ 밖이 [＿＿＿＿＿] 창문을 닫는 게 어때요?

❹ 이 영화를 안 [＿＿＿＿＿] 같이 볼까요?

❺ 월급을 [＿＿＿＿＿] 먹고 싶은 음식이 있어요?

2. 다음 상황에서 어떻게 이야기할 거예요? [보기]와 같이 이야기해 보세요.

> 내일부터 사흘 동안 연휴예요. 어디에 가고 싶어요? 무엇을 하고 싶어요?

보기

가: 와, 내일부터 연휴인데 부산에 갈까요?

나: 저는 지난 방학에 부산에 갔다 왔는데 다른 곳에 가요.

가: 그래요? 저는 잘 모르는데 좋은 여행지를 추천해 주시겠어요?

나: 음... 작년에 설악산에 갔는데 산도 보고 바다도 볼 수 있어서 좋았어요.

상황1

지금은 수업시간이에요. 그런데 갑자기 배가 많이 아파요. 선생님께 어떻게 말할 거예요?

상황2

오늘 친구와 약속이 있어요. 같이 영화를 볼 거예요. 그런데 중요한 일이 생겨서 약속을 지킬 수 없어요. 친구에게 어떻게 말할 거예요?

상황3

여기는 기숙사 방이에요. 지금 나는 아주 열심히 한국어를 공부하고 있어요. 그런데 옆에서 친구가 아주 시끄럽게 전화하고 있어요. 룸메이트에게 어떻게 이야기할 거예요?

2 V-는데요, A-ㄴ데요/은데요, N인데요

가: 여보세요?

나: 저 한국어학과 1학년 **첸첸인데요.**

가: 지금 통화할 수 있어요?

나: 미안해요. 영화보고 **있는데요.**

가: 주민등록번호를 알려 주십시오.

나: 저는 외국 **사람인데요.**

1. [보기]와 같이 대답하세요.

❶ 가: 저녁에 같이 밥 먹을 수 있어요?

나: ____.

(다른 약속이 있다. 그래서 같이 저녁 먹을 수 없다)

❷ 가: 주말에 같이 영화 보러 갈까요?

나: ____.

(시험공부를 해야 하다. 그래서 같이 영화 볼 수 없다)

❸ 가: 여보세요. 첸첸 씨 좀 바꿔 주세요.

나: ____.

(지금 없다. 그래서 전화를 바꿔 줄 수 없다.)

❹ 가: 우리 밖에 나가서 산책해요.

나: ____.

(바쁘다. 그래서 산책을 할 수 없다.)

❺ 가: 같이 갈비 먹어요.

나: ____.

(채식주의자이다. 그래서 갈비를 먹을 수 없다.)

2. 다음 그림을 보고 [보기]와 같이 대화를 만들어 보세요.

가: 우리 노래방에 갈까요?

나: 노래방이요? 저는 배가 고픈데요.

❶ 

가: TOPIK 시험 접수했어요? 내일 같이 가요.

나: ________________________ .

❷ 

가: 이 단어의 뜻을 알아요?

나: ________________________ .

❸ 

가: 수원역에 가려고 하는데 몇 번 버스를 타야 해요?

나: 7번 버스를 타세요. 어,

________________________ .

❹ 

가: 주말에 콘서트에 같이 갈까요?

나: ________________________ .

3

V-거나

수업 **중이시거나** 회의 중이실 거예요.

주말에 보통 친구를 **만나거나** 집에서 쉬어요.

음악을 **듣거나** 책을 읽어요.

1. [보기]와 같이 써 보세요.

보기 　주말에 보통 <u>공부하다/ 운동하다</u> → 공부하거나 운동해요.

❶ 가: 아침에 보통 <u>밥을 먹다 / 빵을 먹다</u>

　　나: [   ] .

❷ 가: 주말에 보통 <u>테니스를 치다 / 수영을 하다</u>

　　나: [   ] .

❸ 가: 오후에 보통 <u>청소를 하다 / 빨래를 하다</u>

　　나: [   ] .

❹ 가: 수업 후에 <u>도서관에 가다 / 식당에 가다</u>

　　나: [   ] .

2. [보기]와 같이 이야기해 보세요.

영화를 보다, 음악을 듣다, 쇼핑하다, 공부하다,

청소하다, 운동하다, 여행하다, 친구를 만나다,

도서관에 가다, 산책하다, 부모님하고 통화하다, 숙제하다

기타: ____

보기

주말에 보통 뭐해요? ┊ 영화를 봐요, 청소해요

➡ 저는 영화를 보거나 청소해요.

➡ **친구 1** 은 음악을 듣거나 ____________________

친구에게 질문해 보세요.

	친구 1	친구 2
주말	음악을 듣거나	
방학 때		
수업이 끝난 후에		
고향에 돌아가서		

우리 반 친구들은 주말에 무엇을 가장 많이 해요?

1. 다음 대화를 듣고 물음에 답하세요.

04-04

경희 식당

대표 번호: **1566-8282**

[경희 피자] – ❶

불고기피자　L: 24,000원　R: 17,500원

콤비네이션피자　L: 25,000원　R: 18,000원

포테이토피자　L: 23,000원　R: 16,000원

콜라

1.5L-2,000원
500ml-900원

[경희 한식] – ❷

비빔밥　1인분 5,000원

**김치
찌개**　소(1~2인분) 8,000원
중(2~3인분) 10,000원
대(3~4인분) 15,000원

[경희 치킨] – ❸

후라이드치킨　1인분 5,000원

양념치킨　1마리　14,000원

[경희 중국집] – ❹

탕수육　소: 11,000원　중: 13,000원　대: 15,000원(군만두 포함)

자장면　3,500원 (자장면 곱빼기: 4,000원)

1 누라슬은 어느 식당에 주문했어요? 자동 응답이 끝난 후에 몇 번을 눌렀어요?

식당 : ___________________, 번호 : ___________________

2 들은 내용과 <u>다른</u> 것은 뭐예요?

① 누라슬은 콜라도 함께 시켰어요.

② 누라슬은 큰 사이즈 음식을 주문했어요.

③ 음식을 먹으려면 20분쯤 기다려야 해요.

④ 음식을 배달하려면 주소만 말하면 돼요.

3 누라슬이 주문한 음식은 모두 얼마예요?

___________원

2. 친구와 함께 집에서 저녁을 먹을 거예요. 그래서 '경희 식당'에서 음식을 주문해요. 음식 주문 전화를 해 보세요.

영통동 1022-5번지
경희 치킨

경희대학교 기숙사
6937호 경희 한식

국제아파트 8동 1002호
경희 중국집

1. 다음 인터넷 결제 내역을 읽고 물음에 답하세요.

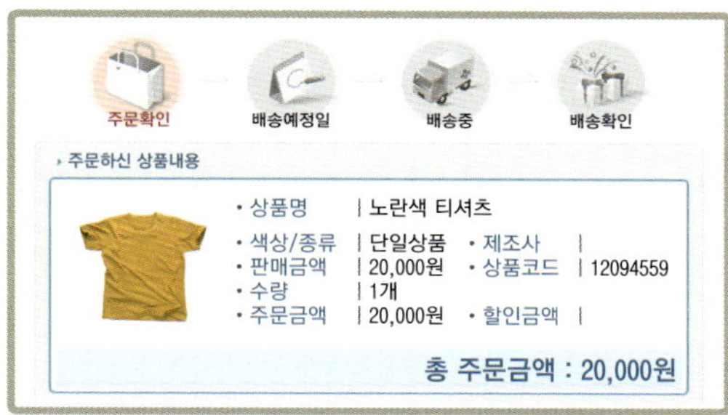

1 왕웨이는 며칠 전 인터넷 쇼핑을 했습니다.

왕웨이는 무엇을 샀습니까? 얼마예요?

__________,__________원

그런데 실수로 작은 사이즈를 주문했습니다. 그래서 주문한 옷을 취소하는 것을 진영이가 도와주었습니다. 먼저 주문한 내용을 확인하고 취소 신청을 합니다. 취소 신청은 2단계입니다. 먼저 취소하는 이유를 입력합니다. 그리고 취소하는 상품을 다시 확인합니다. 이제 취소 신청이 끝났습니다.

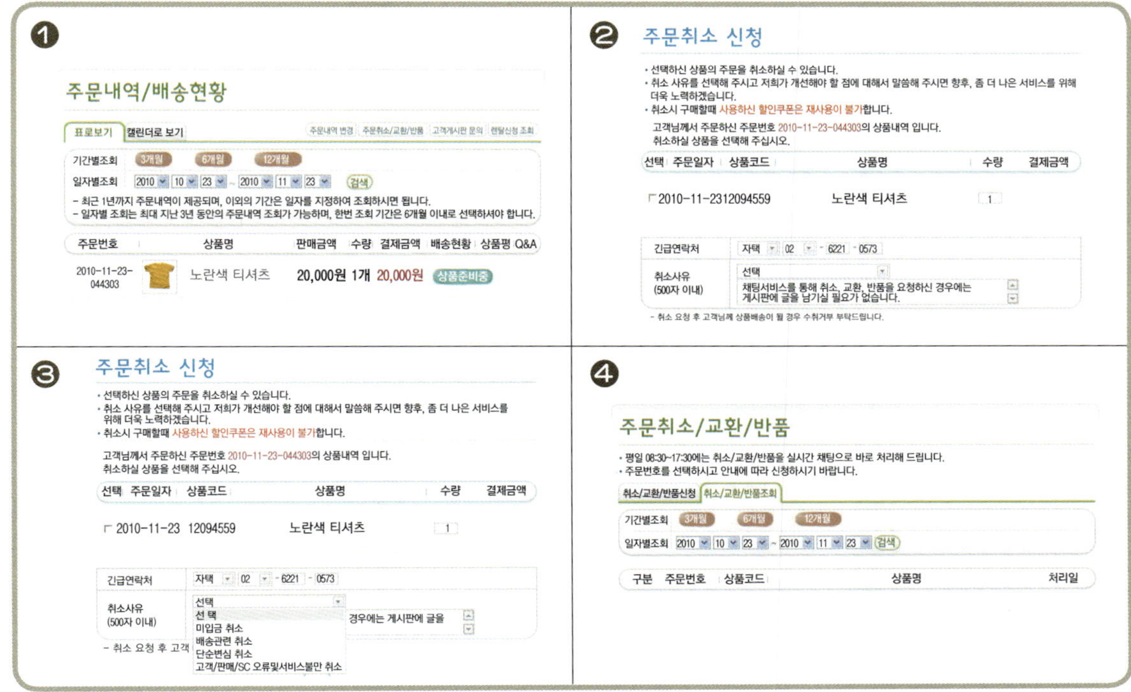

2 왕웨이가 취소 신청을 한 순서대로 연결해 보세요.

(ㅣ) → (   ) → (   ) → (   )

3 왕웨이는 취소하는 이유 ㄱ._____ 에 뭐라고 썼을까요?

① 주소를 잘못 입력해서 ② 옷의 크기가 맞지 않아서

③ 돈을 너무 많이 보내서 ④ 옷의 색깔이 마음에 안 들어서

2. 취소 신청이 끝난 후에 왕웨이는 큰 사이즈로 다시 주문했습니다. 그리고 이틀 뒤 다음과 같은 문자가 왔습니다. 택배 아저씨에게 답장을 써 보세요.

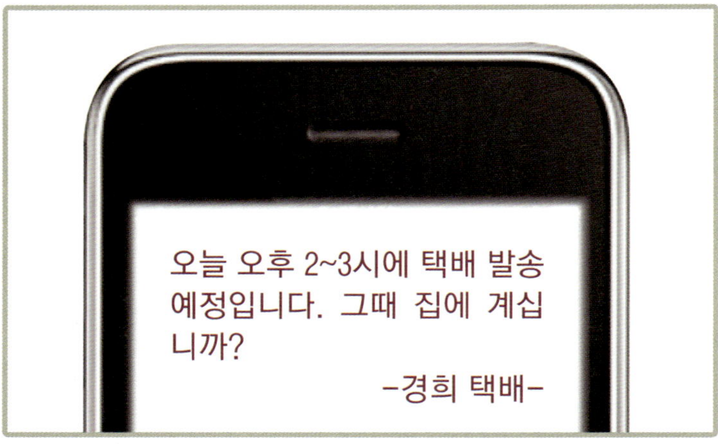

MEMO

05 어떻게 해요?

- 정보를 얻고 싶을 때 어떻게 해요?

- 어떤 방법이 가장 빠르고 정확한 정보를 얻을 수 있어요?

05-01

누라슬	영화를 좋아하는데 요즘은 많이 못 봐요.
라이언	왜요?
누라슬	영화비가 좀 비싸서요.
라이언	그럼 조조 영화를 보세요.
누라슬	조조 영화요?
라이언	아침에 일찍 상영하는 영화예요. 보통 2천 원 정도 할인되니까 비싸지 않아요.
누라슬	아, 그래요? 고마워요.
라이언	그리고 영화표는 인터넷 홈페이지에서도 예매할 수 있어요.

어휘	**발음**
조조 영화, 상영하다, 정도, 할인되다, 홈페이지, 예매하다	할인 [하린]

동 건   어! 준코, 무슨 일이에요?

준 코   선배한테 부탁 좀 하려고 왔어요. 리포트 자료를 찾으려고 하는데
       좀 도와주세요.

동 건   무슨 자료를 찾는데요?

준 코   한국 문화 자료요.

동 건   도서관 홈페이지에서 검색해 보세요.

준 코   내려받기(다운)도 할 수 있어요?

동 건   그럼요. 다른 도서관에 있는 자료도 볼 수 있어요.

어휘	발음
리포트, 자료, 검색하다, 내려받기(다운)	문화 [문화 / 무놔]

05-03

왕웨이	첸첸, 무슨 일 있어요?
첸 첸	외국인등록증을 잃어버렸는데 재발급 신청은 어디에서 해요?
왕웨이	나도 잃어버린 적이 있는데 출입국관리사무소에서 재발급 받았어요.
첸 첸	그래요? 어떻게 신청해요?
왕웨이	먼저 인터넷으로 방문 예약을 하세요. 그러면 시간을 절약할 수 있어요. 그냥 가면 많이 기다릴거예요.
첸 첸	네. 고마워요. 왕웨이.

어휘	발음
외국인등록증, 재발급, 출입국관리사무소, 방문	출입국 [추립꾹] 잃어버린 적이 [이러버린 저기]

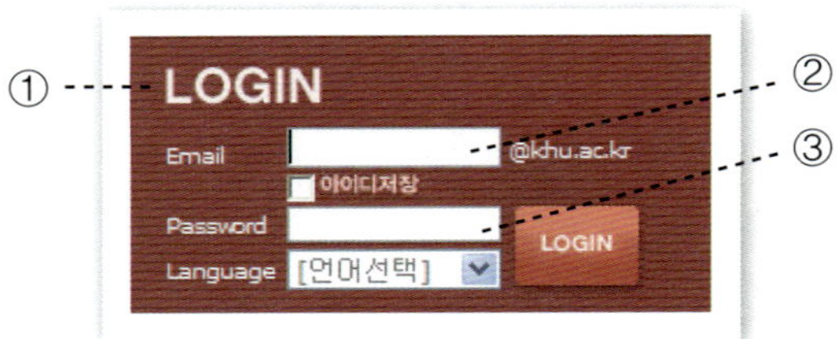

① 로그인하다 – 로그아웃하다
② 아이디를 입력하다 – ③ 비밀번호를 입력하다

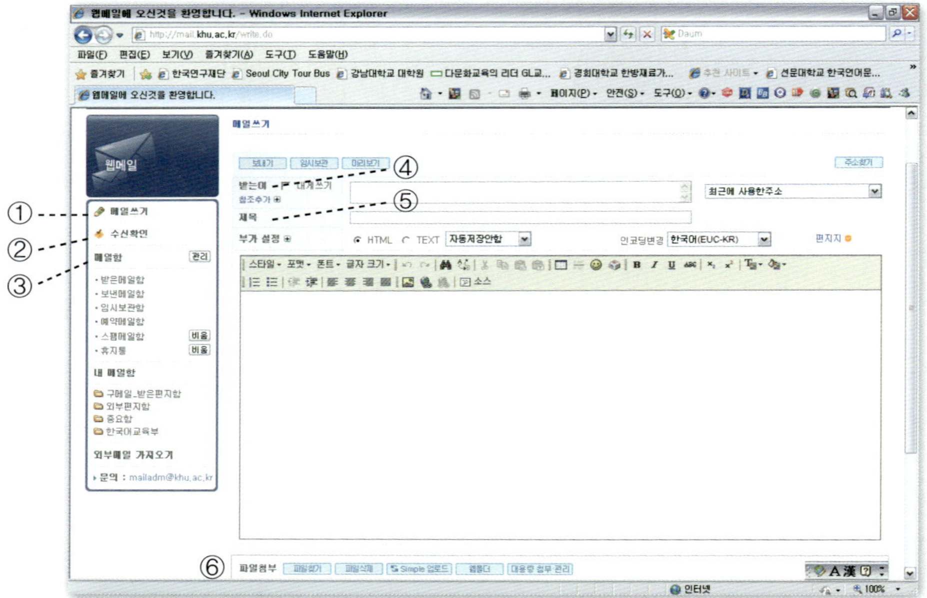

① 이메일을 보내다 – 이메일을 받다 – 이메일을 확인하다
② 편지쓰기 – 편지읽기 – 수신확인
③ 받은 편지함 – 보낸 편지함
④ 받는 이 – 함께 받는 이
⑤ 제목 – 텍스트
⑥ 파일첨부 – 내려받기(다운로드)

1 V-는데, A-ㄴ데/은데

영화를 **좋아하는데** 요즘은 많이 못 봐요.
제 방은 **작은데** 라이언 방은 커요.
동건이는 보통 아침을 **먹는데** 저는 안 먹어요.

1. [보기]와 같이 그림을 보고 묻고 대답해 보세요.

2. 다음 그림을 보고 [보기]와 같이 문장을 완성해 보세요.

| 보기 | 제시카는 키가 큰데 수잔은 키가 작아요. |

❶ 제시카는 눈이 좋은데 수잔은 ______________.

❷ 제시카는 ______________ 수잔은 머리가 짧아요.

❸ 제시카는 날씬한데 ______________.

❹ ______________.

❺ ______________.

2 V-려고 하다/으려고 하다

리포트 자료를 **찾으려고 하는데** 좀 도와주세요.

오늘 저녁에 소설책을 **읽으려고 해요.**

방학 때 고향에 **돌아가려고 해요.**

* 오늘 오후에 한국 음악을 **들으려고 해요.**

1. [보기]와 같이 그림을 보고 대답해 보세요.

배가 고파요.
➡ 배가 고파서 빵을 먹으려고 해요.

❶ 뚱뚱해요.

➡ _______________________ .

❷ 다음 주부터 방학이에요.

➡ _______________________ .

❸ 심심해요.

➡ _______________________ .

❹ 피곤해요.

➡ _______________________ .

2. 친구와 같이 이야기해 보세요.

	나	친구
수업이 끝난 후에 무엇을 할 거예요?		
이번 주말에 무엇을 할 거예요?		
방학 때 무엇을 할 거예요?		
한국어를 다 공부한 후에 무엇을 할 거예요?		
여자/남자 친구를 만나서 무엇을 할 거예요?		

3 V-려고/으려고 V

선배한테 **부탁 좀 하려고** 왔어요.

빨리 **가려고** 택시를 탔어요.

상담을 **하려고** 선생님 연구실에 전화했어요.

1. [보기]와 같이 문장을 완성해 보세요.

보기

가: 어디에 가세요? (파마/하다)

나: 파마를 하려고 미용실에 가요.

❶ 가: 어디에 가세요? (보고서/준비하다)

나: 도서관에 가요.

❷ 가: 여기서 뭐 하세요? (등록금/내다)

나: 왔어요.

❸ 가: 왜 서두르세요? (학교 버스/타다)

나: 서둘러요.

❹ 가: 무엇을 샀어요? (한국어/공부하다)

나: 전자사전을 샀어요.

2. 왜 그것을 샀어요? [보기]와 같이 이야기해 보세요.

다음 주 일요일에 친구가 결혼해요.
그래서 저는 결혼식장에 가려고 정장을 샀어요.

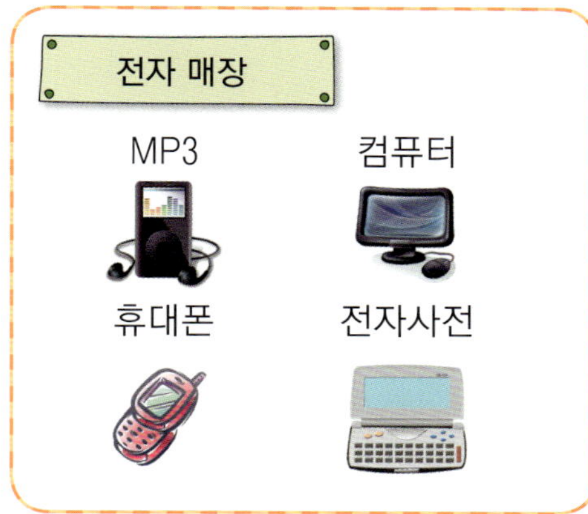

	나	친구 1	친구 2
무엇을 샀어요?			
왜 그것을 샀어요?			

1. 다음 대화를 듣고 물음에 답하세요.

05-04

1 들은 내용과 같은 것을 고르세요.

① 동건은 여행을 가고 싶습니다.

② 동건은 기차 여행을 안 좋아합니다.

③ 첸첸과 동건은 오후에 만날 겁니다.

④ 첸첸은 지금 인터넷을 하고 있습니다.

2 기차여행으로 할 수 있는 일이 <u>아닌</u> 것을 고르세요.

① 와인 마시기

② 지역 축제 보기

③ 인터넷 하기

④ 경치 보기

3 첸첸은 무엇을 보고 있었어요? 왜 그것을 보고 있었어요?

____

2. 아래의 주제 중 하나를 골라 [보기]와 같이 친구와 고민을 이야기하고, 어떻게 하면 좋을지 조언도 들으세요.

한국어 공부가 힘들다.	요즘 남자(여자) 친구와 사이가 안 좋다.
건강이 안 좋다.	?

보기

사라 : 미야, 무슨 일 있어요? 얼굴이 너무 안 좋아요.

미야 : 네. 다음 주에 한국어 시험이 있어요. 이번에도 합격 못하면 안 되는데...

사라 : 미야는 읽기도 잘 하고 문법도 많이 아는데 왜 걱정을 해요?

미야 : 듣기랑 말하기가 문제예요. 지난번 시험에서도 듣기랑 말하기 때문에 시험에 떨어졌어요.

사라 : 그래요? 내 생각엔 미야가 너무 완벽하게 문장을 말하려고 해서 더 어렵게 느끼는 것 같아요. 틀려도 괜찮으니까 자신 있게 말하고 많이 듣는 연습을 해 봐요. 도서관에서 공부하는 것도 중요하지만 한국 친구들과 이야기를 많이 나누는 것도 중요해요.

미야 : 그래요. 고마워요. 노력해 볼게요.

______ : _______________________________________

____

______ : _______________________________________

____

______ : _______________________________________

____

______ : _______________________________________

____

1. 다음 홈페이지를 읽고 물음에 답하세요.

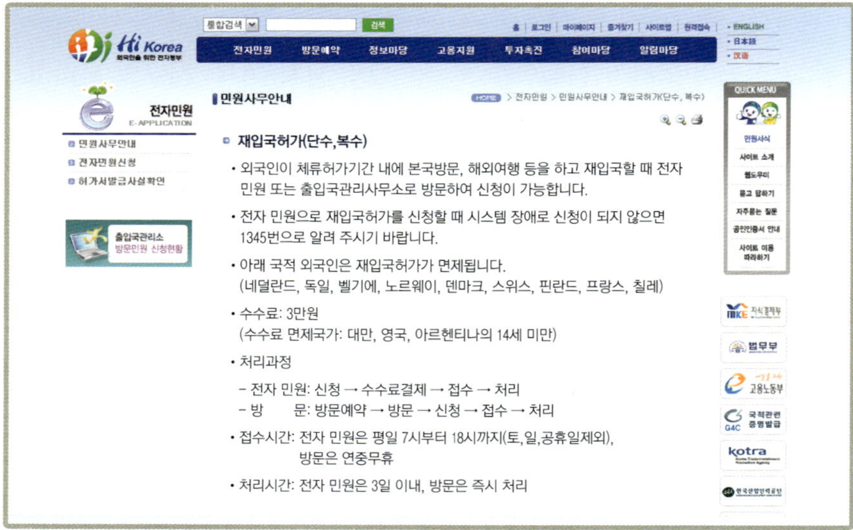

1 읽은 내용과 같은 것을 고르세요.

① 위 내용은 내국인을 위한 글입니다.

② 재입국 신청을 할 수 있는 방법은 한 가지입니다.

③ 토요일 10시에 전자 민원으로 재입국신청을 할 수 있습니다.

④ 영국 사람인 10살 비비안은 재입국할 때 수수료가 필요하지 않습니다.

2 전자 민원으로 재입국허가를 신청할 때 문제가 생기면 어떻게 해요?

____

3 재입국허가 처리 시간은 얼마나 걸려요?

____

어휘

단수, 복수, 체류, 전자 민원, 면제, 수수료
http:// www.hikorea.co.kr 외국인을 위한 전자정보

<table>
<tr><td colspan="5" align="center">재 입 국 허 가 신 청 서</td><td colspan="2">□ 단수
□ 복수</td></tr>
<tr><td>성
명</td><td></td><td></td><td>국적</td><td></td><td>성
별</td><td>남
여</td></tr>
<tr><td colspan="2">생년월일</td><td>직장명</td><td></td><td colspan="3">직위</td></tr>
<tr><td colspan="2">대한민국내주소</td><td colspan="5"></td></tr>
<tr><td colspan="2">여권번호</td><td colspan="2">출발예정일</td><td colspan="3">입국예정일</td></tr>
<tr><td colspan="2">여권유효기간</td><td colspan="2">출발예정일</td><td colspan="3">입국예정일</td></tr>
<tr><td colspan="2">목적지</td><td colspan="5"></td></tr>
<tr><td colspan="2">신청기간</td><td colspan="2"></td><td colspan="3">신청사유</td></tr>
<tr><td rowspan="4">동반자</td><td colspan="6">성 명</td></tr>
<tr><td>생년월일</td><td>성
별</td><td>남
여</td><td>성
별</td><td>남
여</td><td>성
별</td><td>남
여</td></tr>
<tr><td colspan="6">관 계</td></tr>
<tr><td colspan="6">비 고</td></tr>
<tr><td colspan="3">신 청 일</td><td colspan="4">신청인 서명</td></tr>
</table>

06 늦으면 안 돼요

- 보통 누구와 어떤 약속을 많이 합니까?

- 약속을 지키지 못 하면 어떻게 합니까?

동 건	준코, 주말에 시간 있어요?
준 코	특별한 일은 없는데요. 왜요?
동 건	그럼 우리 같이 영화 보러 갈까요?
준 코	좋아요. 무슨 영화를 볼 건데요?
동 건	'괴물'이요.
준 코	아~ 저도 그 영화가 보고 싶어요.
동 건	그럼 토요일 4시에 강남역에서 만나요. 늦으면 안 돼요.

어휘	발음
특별하다, 괴물	특별한 [특뼐한] 볼 건데요 [볼 껀데요]

누라슬	여보세요?
왕웨이	저 왕웨이인데요. 지금 어디예요?
누라슬	집이에요. 지금 막 나가려고 했어요.
왕웨이	미안하지만 오늘 못 만날 것 같아요.
누라슬	무슨 일 있어요?
왕웨이	룸메이트가 갑자기 아파서 응급실에 왔어요.
누라슬	아~ 그래요? 걱정하지 마세요. 등산은 다음에 가도 돼요. 그런데 친구는 괜찮아요?
왕웨이	네. 지금 링거를 맞으면서 쉬고 있어요.

어휘	발음
막, 갑자기, 응급실, 등산, 링거를 맞다	친구는 괜찮아요? [친구는 괜차나요?] 갑자기 [갑짜기]

준 코	여보세요? 선배! 저 준코예요.
동 건	준코, 지금 어디예요?
준 코	지금 약속 장소로 가고 있는데 길이 많이 막혀서 조금 늦을 것 같아요.
동 건	아, 그래요? 영화가 4시 30분에 시작하니까 천천히 와도 돼요.
준 코	그럼 미안하지만 선배가 영화표 좀 미리 사 주세요.
동 건	네. 그럴게요.
	잠시 후
준 코	늦어서 미안해요. 햄버거를 사 왔는데 영화 보면서 같이 먹어요.
동 건	영화 보면서 햄버거를 먹으면 안 돼요.
준 코	아! 그래요? 몰랐어요.

어휘	발음
장소, 영화표, 미리, 햄버거	길이 많이 막혀서 [기리 마니 마켜서] 몰랐어요 [몰라써요]

홈페이지에서 영화정보 찾기

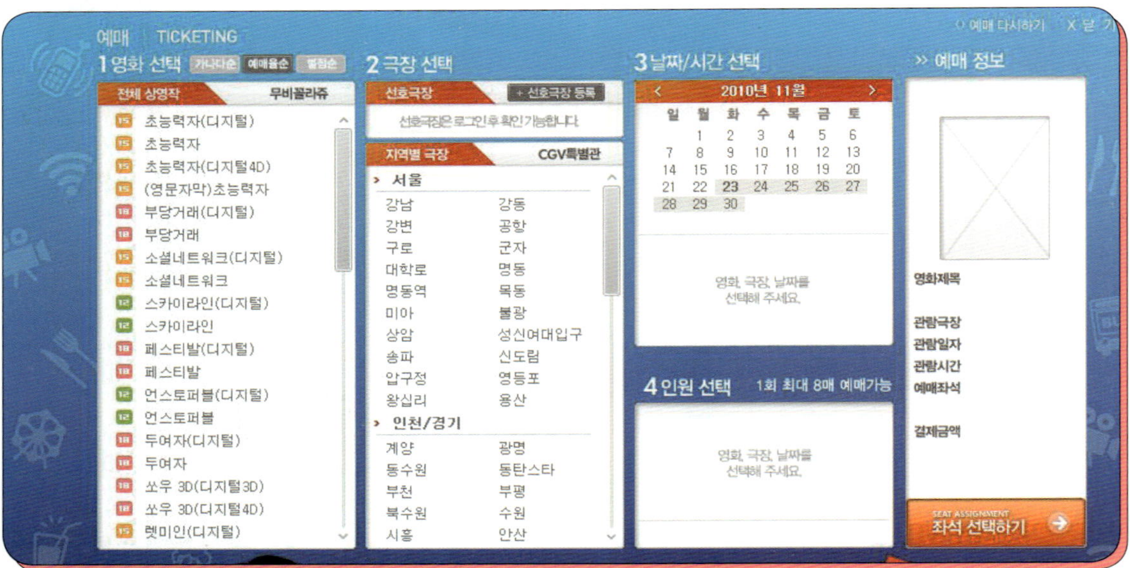

관람, 감상, 관전

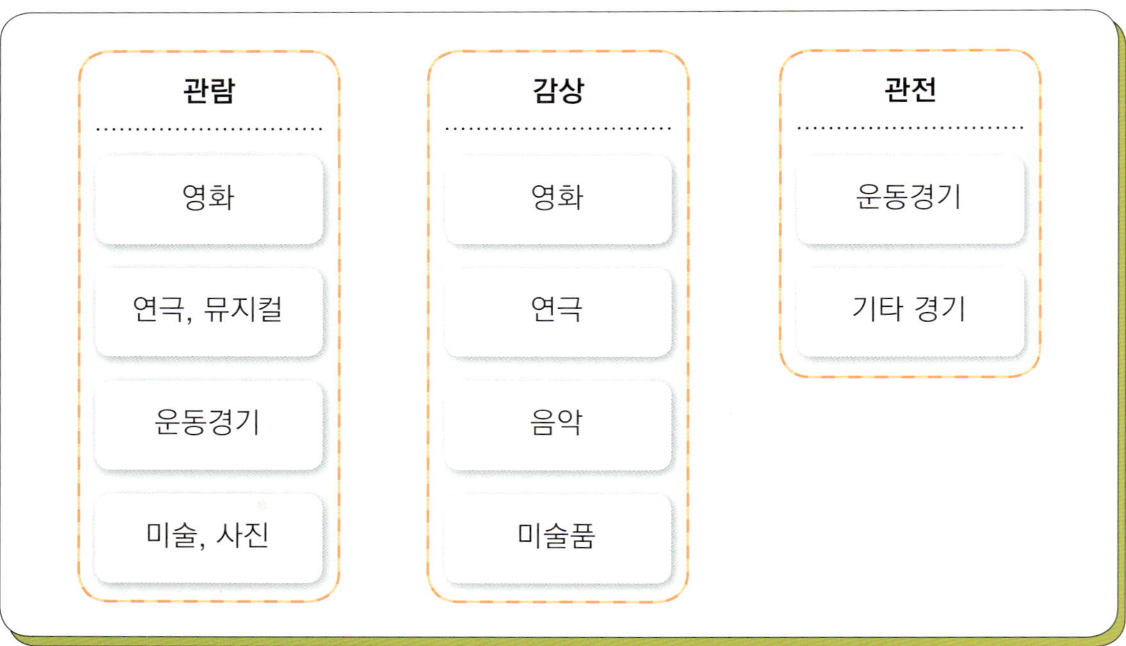

1   V –면 안 되다/으면 안 되다

> **늦으면 안 돼요.**
>
> 여기에서 담배를 **피우면 안 돼요.**
>
> 수업시간에 전화를 **하면 안 돼요.**

1. [보기]와 같이 그림을 보고 써 보세요.

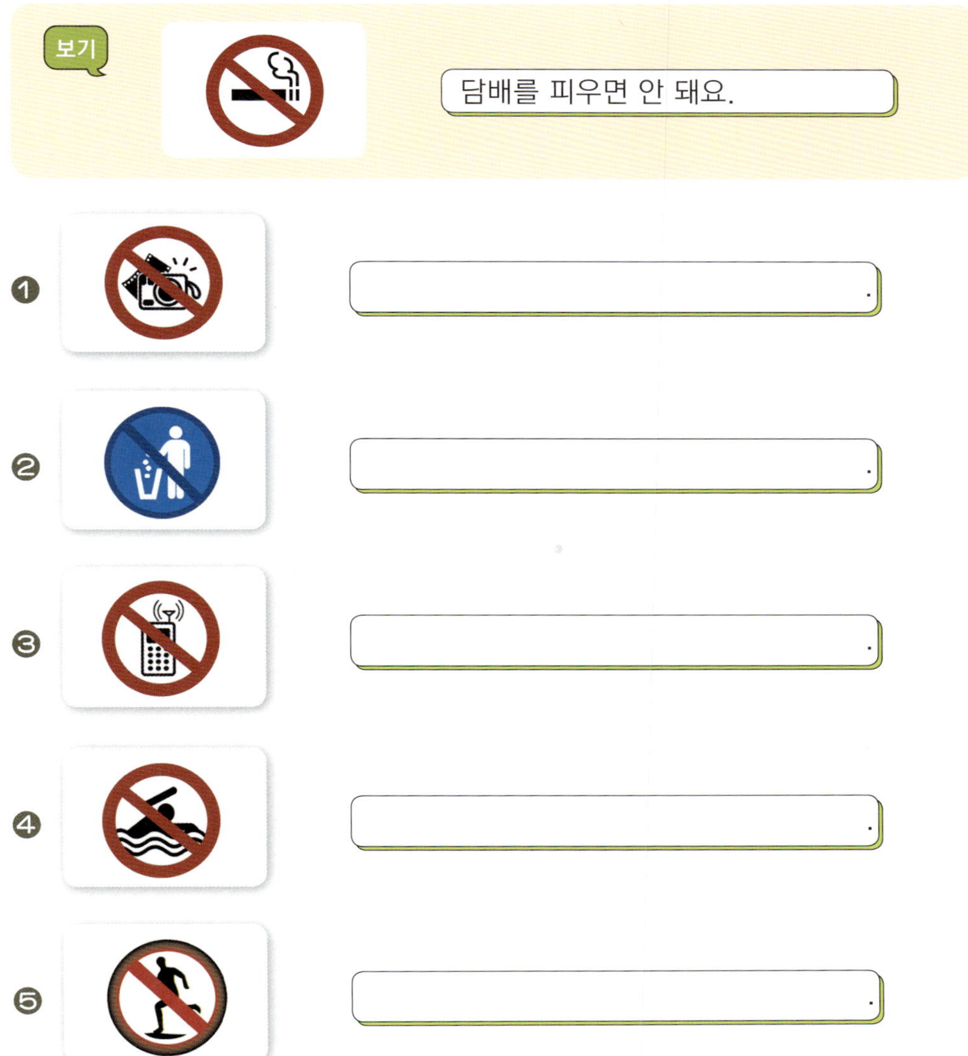

2. 무엇을 하면 안 될까요? 써 보세요.

교실에서	
시험 시간에	
처음 만나서	
결혼했어요	

2 V –면서/으면서

지금 링거를 **맞으면서** 쉬고 있어요.
커피를 **마시면서** 음악을 들어요.
팝콘을 **먹으면서** 영화를 봐요.

1. [보기]와 같이 그림을 보고 문장을 완성해 보세요.

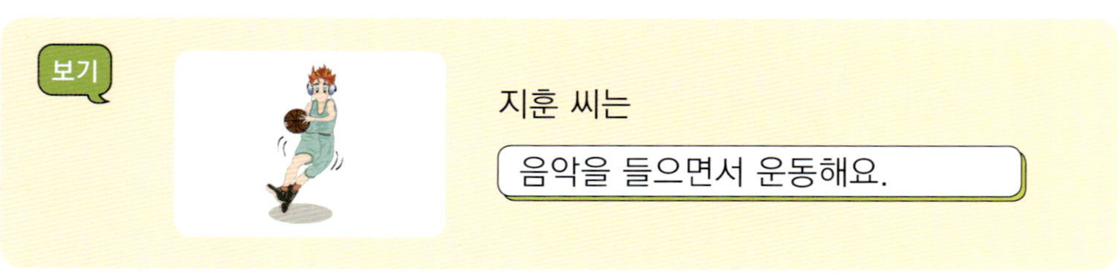

보기

지훈 씨는

음악을 들으면서 운동해요.

2. 여러분은 다음 행동을 하면서 무엇을 해요? 써 보세요.

3. 같이 하면 안 되는 두 가지 행동은 무엇이 있을까요? 친구들과 이야기해 보세요.

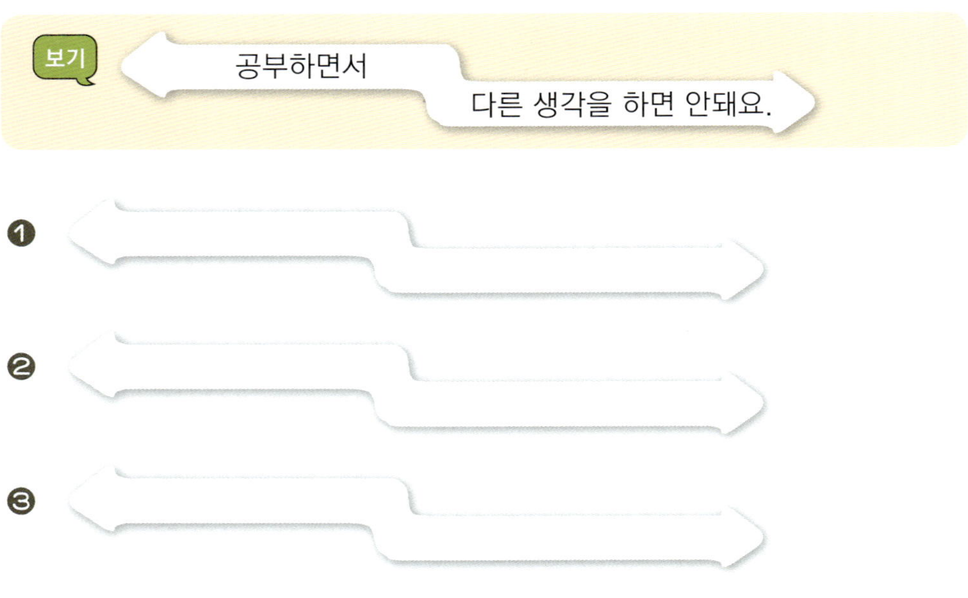

3 V –아도 되다/어도 되다/해도 되다

천천히 **와도 돼요**.

여기에 **앉아도 돼요**?

사전 좀 **봐도 돼요**?

1. [보기]와 같이 빈칸에 알맞은 말을 써 보세요.

❶ 이 볼펜을 [ ]. (쓰다)

❷ 여기에서 담배를 [ ]. (피우다)

❸ 목이 마르면 이 물을 [ ]. (마시다)

❹ 밤늦게 [ ]. (전화하다)

2. [보기]와 같이 대화를 완성해 보세요.

> 가: 방이 더워요. 창문 좀 열어도 돼요?
> 나: 네. 그렇게 하세요.

❶ 가: 교수님과 상담을 하고 싶은데, 지금   ?
　 나: 그럼요. 오세요.

❷ 가: 전화 좀   ?
　 나: 그럼요. 쓰세요.

❸ 가: 죄송한데   ?
　 나: 그럼요. 말씀하세요.

❹ 가: 배고픈데 이거   ?
　 나: 네. 드세요.

❺ 가: 컴퓨터 좀   ?
　 나: 안 돼요. 고장났어요.

3. 무엇을 해도 돼요? 무엇을 하면 안 돼요? 친구에게 물어 보세요.

	한국		
수업시간에 음식을 먹어요.	X		
음식을 먹으면서 소리를 내요.			
지하철에서 전화해요.			
처음 만나서 나이를 물어 봐요.			
옷 가게에서 음료수를 마셔요.			
시험 시간에 사전을 봐요.			
어른 앞에서 담배를 피워요.			

1. 다음 대화를 듣고 물음에 답하세요.

06-04

1 들은 내용과 같은 것을 고르세요.

① 두 사람은 저녁 6시 30분 영화를 볼 겁니다.

② 두 사람은 저녁 7시 30분 영화를 볼 겁니다.

③ 두 사람은 상영관 앞쪽 가운데 자리에 앉을 겁니다.

④ 두 사람은 상영관 중간이나 뒤에 앉을 겁니다.

2 환불 규정이 <u>틀린</u> 것을 고르세요.

① 상영시간 이후에는 환불 받을 수 없습니다.

② 상영시간 전에 취소하면 전액 환불 받을 수 있습니다.

③ 상영시간 직전에 취소하면 50% 환불 받을 수 있습니다.

④ 상영시간 20분 전에 취소하면 전액 환불 받을 수 있습니다.

3 두 사람은 몇 열, 몇 번 좌석에 앉아서 영화를 봅니까?

---

2. 포스터를 보고 친구들과 무엇을 볼 것인지 결정하고 표를 예매해 보세요.

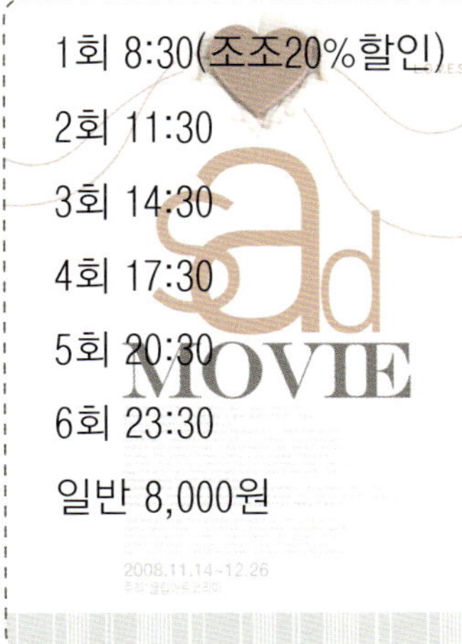

뮤지컬 I Love Me

평일 저녁 8시

주말 오후

3시 7시

R석 50,000원

S석 35,000원

단체 및

학생 30% 할인

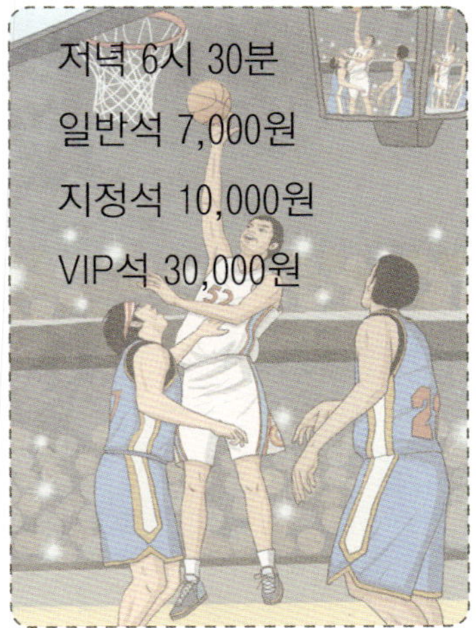

1. 다음 글을 읽고 물음에 답하세요.

미나코는 지훈이와 영화를 보고 해물탕을 먹으러 갔습니다. 식당에서 해물탕과 해물파전을 시켰습니다. 해물파전은 피자와 모양이 비슷하지만 간장에 찍어서 먹는 것입니다. 해물파전을 먹는 동안 해물탕이 맛있게 끓었습니다. 미나코는 지훈이가 갑자기 숟가락을 냄비에 넣고 국물을 떠먹어서 깜짝 놀랐습니다. 일본에서는 다른 사람과 같이 먹는 음식에 숟가락으로 떠먹으면 안 됩니다. 그래서 지훈에게 말했습니다. "같이 먹는 음식을 왜 안 덜어서 먹어요?" 지훈은 대답했습니다. "아! 미안해요. 집에서는 같이 먹어서요. 한국에서는 친한 사람과는 찌개를 같이 먹어요." 미나코는 생각했습니다. '지훈이와 나는 친한 친구입니다.' 갑자기 기분이 좋아졌습니다.

1 위 글의 내용과 같은 것을 고르세요.

① 해물탕은 간장에 찍어서 먹습니다.

② 해물파전은 피자와 맛이 비슷합니다.

③ 일본 사람은 찌개를 덜어서 먹습니다.

④ 지훈이는 집에서 찌개를 덜어서 먹습니다.

2 미나코는 왜 깜짝 놀랐어요?

____

3 지훈이는 찌개를 덜어서 먹는 것을 왜 잊어버렸어요?

____

2. 음식을 먹는 방법에 대해서 생각해 봅시다. 한국과 다른 점은 무엇이 있습니까?

찌개	큰 냄비에 여러 가지 재료를 넣고 끓여서 먹습니다. 친한 사람들은 덜어서 먹지 않고 같이 먹습니다. 일본에서는 가족끼리도 덜어서 먹습니다.

07 무슨 일 있었어요?

- 여러분은 무슨 고민이 있습니까?

- 고민이 있을 때 누구에게 이야기를 합니까?

유나	준코 씨, 어디 아파요?
준코	아니요. 어제 잠을 못 자서 좀 피곤해요.
유나	왜요? 무슨 일 있었어요?
준코	룸메이트 때문에요. 룸메이트가 잠도 안 자고 밤새 컴퓨터 게임을 해요.
유나	룸메이트한테 이야기해 봤어요?
준코	아니요. 아직…
유나	한번 이야기해 보세요.
준코	네. 그럴게요.

어휘	발음
밤새, 아직	그럴게요 [그럴께요]

진 영   무슨 고민 있어요?

왕웨이   네. 제가 여자 친구에게 큰 실수를 했어요.

진 영   무슨 실수요?

왕웨이   여자 친구 생일을 깜박 잊어버렸어요.

진 영   여자 친구에게 전화해서 사과하세요.

왕웨이   전화를 안 받아요. 화가 많이 난 것 같아요.

진 영   그럼 여자 친구에게 좋아하는 선물을 사 주세요.

왕웨이   아하! 한 번 해 볼게요.

어휘	**발음**
고민, 실수를 하다, 깜박, 잊어버리다, 사과하다	잊어버렸어요 [이저버려써요]

교 수	어! 왕웨이, 무슨 일이에요?
왕웨이	교수님, 수업 때문에 상담 좀 하고 싶습니다.
교 수	그래요? 여기 앉아요.
왕웨이	이번 학기에 꼭 듣고 싶은 과목이 있는데 수업 시간이 같아서 고민이에요.
교 수	무슨 과목인데요?
왕웨이	고급 작문하고 한국어 회화요. 무엇을 먼저 듣는 것이 좋을까요?
교 수	고급 작문은 2학년 과목이니까 이번 학기에는 한국어 회화를 듣는 것이 좋겠어요. 수강 신청을 할 때에는 학년별 과목표를 참고하세요.

어휘	**발음**
상담, 학기, 과목표, 참고하다	학기 [하끼] 학년별 [항년별]

경희대학교에 입학하고 싶은데
어떤 전공이 있어요?

단과대학	세부 전공		
외국어대학	한국어학과	일본어학과	영어영문학과
경영대학	경영학과	e비즈니스학과	회계학과
호텔관광대학	호텔경영학과	관광경영학과	외식산업학과
공과대학	건축학과	환경공학과	기계공학과
예술 · 디자인대학	연극영화과	Post Modern 음악과	산업 디자인과
체육대학	태권도학과	골프경영학과	스포츠의학과
전자정보대학	전자 · 전파공학과	컴퓨터공학과	생체의공학과
국제대학		국제학과	
생명과학대학	식품공학과	한방재료가공학과	유전공학과

1 N 때문에

> 룸메이트 **때문에요**.
>
> 수업 **때문에** 상담 좀 하고 싶습니다.
>
> 요즘 시험 **때문에** 걱정이 많아요.

1. [보기]와 같이 묻고 대답해 보세요.

보기

가: 요즘 바빠요?

나: 네. [시험공부 때문에] 많이 바빠요.

[아르바이트, 시험공부, 지하철 공사, 감기, 담배 연기]

❶ 가: 여기에서 내려서 걸어갑시다.

　나: 좋아요. 이곳은 [　　　　　　　　　　]

　　　항상 길이 많이 막혀요.

❷ 가: 첸첸, 어제 왜 학교에 안 나왔어요?

　나: [　　　　　　　　　　　] 많이 아팠어요.

❸ 가: 누라슬, 어디 아파요?

　나: 아니요. [　　　　　　　　　　] 조금 피곤해요.

❹ 가: 이 커피숍은 공기가 안 좋은 것 같아요.

　나: 맞아요. 저도 [　　　　　　　　　　] 기침이 나요.

　　　다른 커피숍으로 갑시다.

2. [보기]와 같이 문장을 완성해 보세요

보기   시험 준비 때문에 잠을 못 자서 피곤해요.

❶ 어젯밤에 본 공포영화 때문에 ________________ .

❷ 비자 연장 때문에 ________________ .

❸ 어제 마신 술 때문에 ________________ .

❹ 여자/남자 친구 때문에 ________________ .

3. 다음은 지하철 안의 모습입니다. 무엇 때문에 힘들어요? 무엇 때문에 기분이 나빠요? 이야기해 보세요.

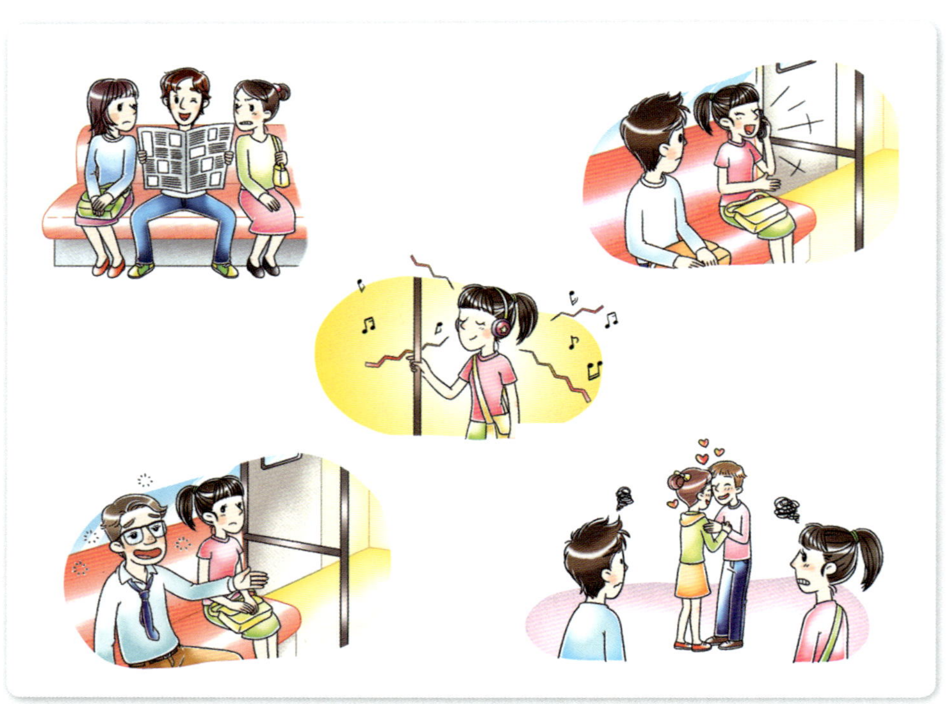

보기   다리를 벌린 남자 때문에 불편해요.

2

V-ㄴ 것 같다/은 것 같다, V-는 것 같다, V-ㄹ 것 같다/을 것 같다
A-ㄴ 것 같다/은 것 같다, A-ㄹ 것 같다/을 것 같다
N인 것 같다

> 화가 많이 **난 것 같아요**.
>
> 오늘 왕웨이가 기분이 **좋은 것 같아요**.
>
> 저 분이 **선생님인 것 같아요**.

1. [보기]와 같이 그림을 보고 문장을 만들어 보세요.

❶ _________________________________.

❷ _________________________________.

❸ _________________________________.

❹ _________________________________.

2. [보기]와 같이 질문에 대답해 보세요.

> 보기
>
> 가: 민지는 아직 안 왔어요?
>
> 나: 잠깐 화장실에 간 것 같아요.

❶ 가: 날씨가 많이 흐리네요.

  나: 네. _______________________________.

❷ 가: 저 사람은 한국 사람이에요? 한국말을 아주 잘하네요.

  나: 제 생각에는 _______________________________.

❸ 가: 내일 모임에 갈 수 있어요?

  나: 아니요. _______________________________.

❹ 가: 이 옷 어때요?

  나: 린한테 잘 _______________________________.

3. 다음 그림을 보고 질문에 대답해 보세요.

❶ 초록색 모자를 쓴 남자는 왜 뛰는 것 같아요? 이 남자는 왜 늦은 것 같아요?

❷ 남자와 여자는 어떤 관계인 것 같아요? 왜 그렇게 생각해요?

❸ 빨간색 모자를 쓴 사람은 어디에 가는 것 같아요? 기분이 어떨 것 같아요?

3 V-ㄹ게요/을게요

한번 **해 볼게요.**

열심히 **공부할게요.**

다음부터는 지각하지 **않을게요.**

1. [보기]와 같이 대화를 완성해 보세요.

보기

첸 첸: 뭐 먹을 거예요?

진 영: 저는 냉면을 먹을게요.

❶ 지 훈: 오늘은 제가 ＿＿＿＿＿＿＿. (밥을 사다)

유 나: 와~ 정말요? 감사합니다.

❷ 준 코: 누가 저 좀 도와주시겠어요?

동 건: 제가 ＿＿＿＿＿＿＿. (도와주다)

❸ 의 사: 담배를 피우지 마세요. 그리고 술을 마시지 마세요.

환 자: 네. 선생님. ＿＿＿＿＿＿＿. (담배를 피우지 않다)

❹ 선생님: 여러분, 누가 왕웨이한테 전화할 거예요?

누라슬: 선생님! ＿＿＿＿＿＿＿. (제가 하다)

2. [보기]와 같이 결혼식장에서 신랑은 신부에게, 신부는 신랑에게 약속해 보세요.

 영원히 당신을 사랑할게요.

3. [보기]와 같이 우리 반 친구들에게 약속해 보세요.

1. 다음 뉴스를 듣고 물음에 답하세요.

07-04

1 다음 중 맞는 것을 고르세요.

① 엘리베이터 안에는 5명이 있었습니다.

② 엘리베이터 이용자의 신고로 구조를 받았습니다.

③ 사람들은 5시간 동안 엘리베이터에 갇혀 있었습니다.

④ 사람들은 오랫동안 갇혀 있어서 건강에 문제가 있었습니다.

2 두 사람은 왜 바로 구조를 받지 못했습니까?

____

3 엘리베이터에 갇혀 있는 동안 두 사람의 마음은 어떨까요?

____

2. 들은 내용을 바탕으로 순서에 맞게 이야기를 만들어 보세요.

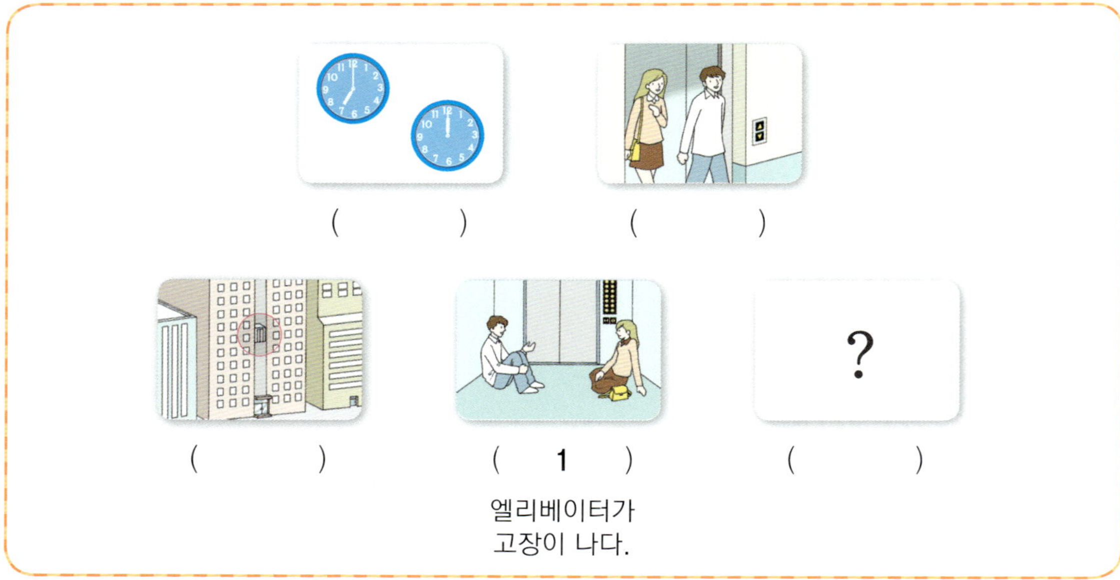

(　　　)　　　(　　　)

(　　　)　　　(　　1　　)　　　(　　　)

엘리베이터가
고장이 나다.

1. 다음 도표를 보고 물음에 답하세요.

* 한국 청소년들의 고민

지역	성별, 연령	외모	건강	가정 환경	용돈 부족	공부	직업	친구	이성 교제	고민 없음
서울	계(%)	8.7	3.2	7.6	4.7	36.6	30.2	1	2.3	4.8
	남자	6.7	2.5	6.1	5.8	42.2	25.9	0.8	1.9	6
	여자	10.3	3.7	8.8	3.7	31.8	33.9	1.1	2.6	3.9

(출처: 2006년 통계청 조사 중 8개 1~8위까지)

1 한국의 청소년들은 무엇에 대해 고민합니까?

____.

2 가장 많이 고민하는 것은 무엇입니까? 그리고 가장 고민하지 않는 것은 무엇입니까?

____.

3 남자와 여자의 고민의 차이는 무엇입니까?

____.

2. 위의 도표를 보고 신문기사를 써 보세요.

08 머리를 어떻게 해 드릴까요?

- 여러분은 어떤 머리 스타일을 좋아하세요?

- 여러분은 어떤 외모의 남자 친구나 여자 친구를 원하세요?

직 원	머리를 어떻게 해 드릴까요?
첸 첸	머리 스타일을 바꾸고 싶어요. 이 사진처럼 짧은 머리로 해 주세요.
직 원	그 스타일도 괜찮지만 이건 어때요? 요즘 유행하는 스타일이에요.
첸 첸	아~ 예뻐요. 마음에 들어요. 그럼 이 스타일로 해 주세요.
직 원	네. 알겠습니다.

어휘	발음
스타일, 바꾸다, 유행하다, 마음에 들다	짧은 [짤븐]

유 나	요즘 어떻게 지내요?
누라슬	심심해요. 남자 친구가 있으면 좋겠어요.
유 나	어떤 남자를 만나고 싶어요?
누라슬	재미있고 착한 사람이면 좋겠어요.
유 나	외모는요?
누라슬	저보다 키가 크면 좋겠어요.
유 나	생각나는 후배가 있는데 소개해 줄까요?
누라슬	좋아요.

어휘	발음
심심하다, 착하다, 외모, 키, 후배, 소개하다	어떻게 [어떠케] 착한 [차칸]

유 나	라이언, 동생이 한국에 왔어요?
라이언	아니요. 다음 주 월요일에 도착해요.
유 나	아, 그래요? 동생만 와요?
라이언	형도 같이 올 거예요.
유 나	형이 있었어요? 라이언하고 닮았어요?
라이언	아니요. 형이 저보다 더 잘생겼어요. 형은 배우처럼 생겼어요.
유 나	그래요? 저도 잘생긴 오빠가 있으면 좋겠어요.

어휘	**발음**
도착하다, 닮다, 잘생기다, 배우, 생기다	월요일 [워료일] 닮았어요 [달마써요] 도착해요 [도차캐요]

관련 어휘

머리 모양/헤어 스타일

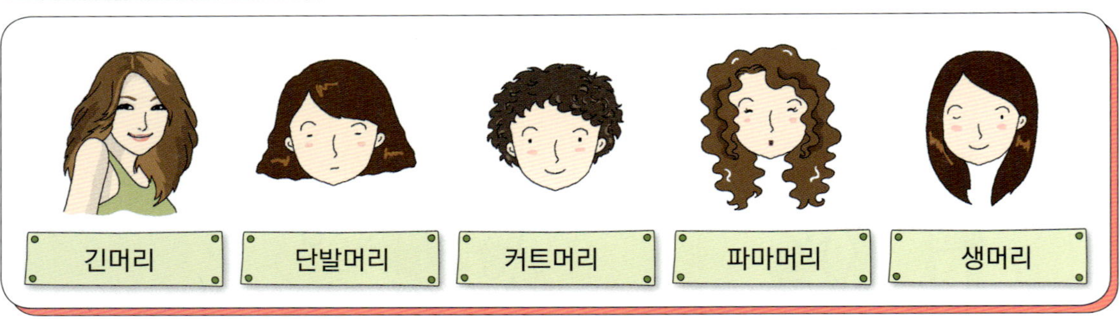

긴머리

단발머리

커트머리

파마머리

생머리

욕실에서	머리를 감다	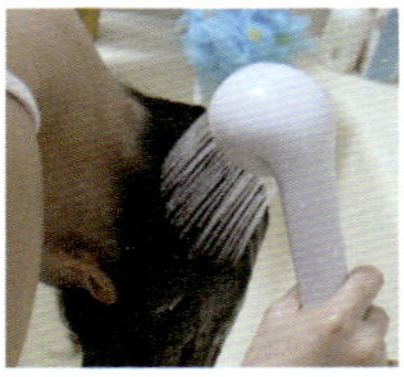	머리를 말리다	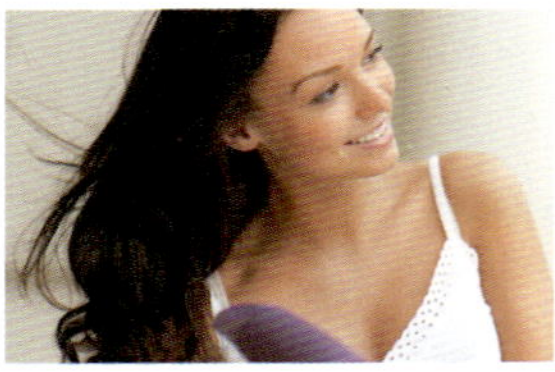
방에서	머리를 빗다	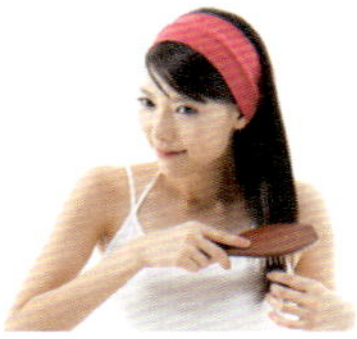	머리를 묶다	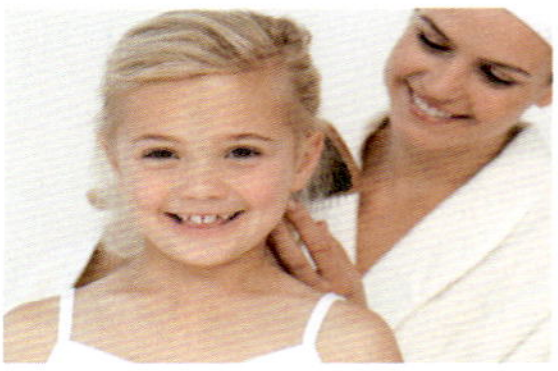
미용실에서 (머리를 하다)	드라이하다	파마하다	염색하다	
	머리를 자르다 / 깎다 / 다듬다 ↕ 머리를 기르다	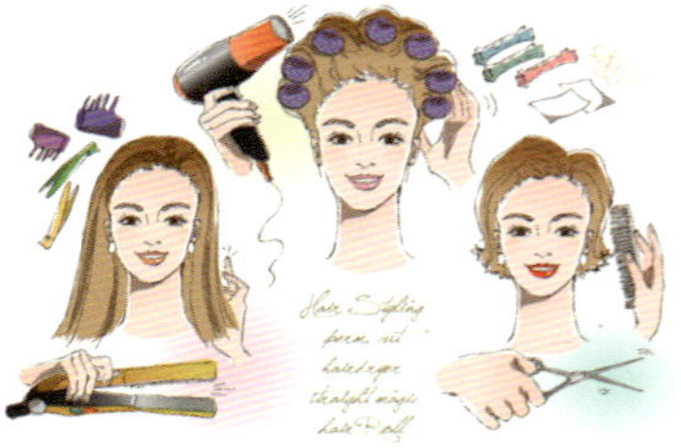		

1 N처럼 /같이

> 이 사진**처럼** 짧은 머리로 해 주세요.
>
> 제 형은 영화 배우**처럼** 생겼어요.
>
> 누라슬은 인형**같이** 귀여워요.

1. [보기]와 같이 질문에 대답해 보세요.

[보기]

가: 남자 친구가 잘 생겼어요? (영화 배우)

나: 그럼요. 영화 배우처럼 잘 생겼어요.

❶ 가: 여자 친구 목소리가 예뻐요? (아나운서)

나: 네. ______________________.

❷ 가: 준코 씨, 새 룸메이트와 잘 지내요? (가족)

나: 물론이죠. ______________________.

❸ 가: 진영 씨 동생이 축구를 잘해요?

나: 그럼요. ______________________.

❹ 가: 라이언 동생도 키가 커요?

나: ______________________.

2. [보기]와 같이 친구와 함께 이야기해 보세요. 그리고 여러분의 생각을
   써 보세요.

보기
① 이 세상에서 가장 소중한 것
② 이 세상에서 가장 비싼 것/싼 것
③ 제일 아름다운 여행지
④ 이 세상에서 제일 나쁜 것
⑤ 건강에 좋은 것/나쁜 것
⑥ 이 세상에서 제일 하기 쉬운 일
⑦ 이 세상에서 제일 하기 싫은 일

가: 이 세상에서 가장 소중한 게 뭐예요?
나: 이 세상에서 가족처럼 소중한 건 없어요.

보기 가족처럼 소중한 건 없는 것 같아요.

❶
❷
❸
❹
❺
❻

A/V –면 좋겠다/으면 좋겠다

남자 친구가 **있으면 좋겠어요.**

날씨가 **좋으면 좋겠습니다.**

그 책을 다시 **빌리면 좋겠어요.**

1. [보기]와 같이 그림을 보고 써 보세요.

저는 학교까지 오려면 버스를 3번 갈아 타야 해요.

➡ 자동차가 있으면 좋겠어요.

❶ 

제가 사는 기숙사는 방이 좁아서 불편해요.

➡ ____________________.

❷ 

요즘 갑자기 살이 너무 많이 쪄서 옷이 맞지 않아요.

➡ ____________________.

❸ 

지난 주말에 쇼핑을 많이 해서 돈이 없어요.

➡ ____________________.

❹ 

내일 공원에서 데이트할 거예요.

➡ ____________________.

2. [보기]와 같은 상황에서 여러분이 하고 싶은 것을 이야기해 보세요.

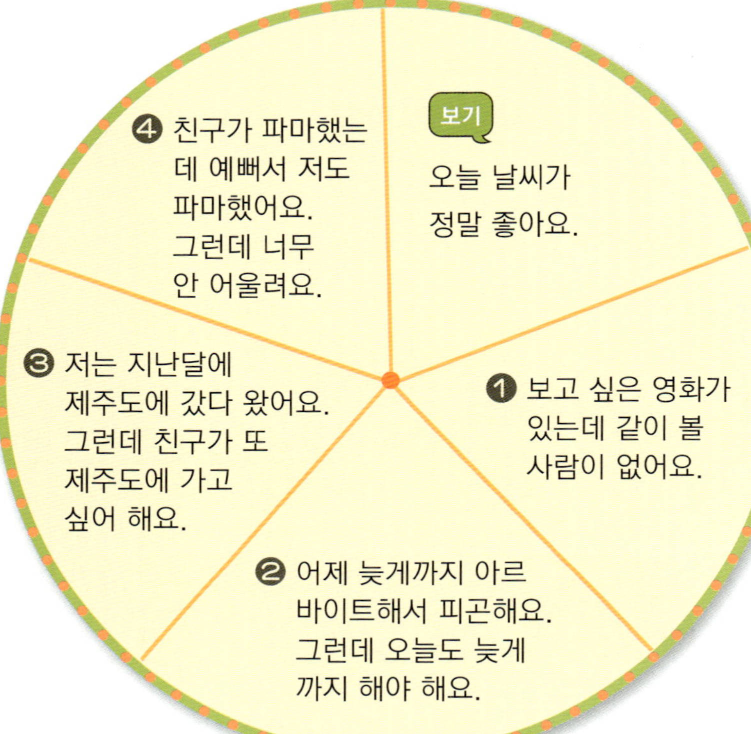

보기 오늘 날씨가 정말 좋아요.

➡ 친구와 같이 놀이동산에 가면 좋겠어요.

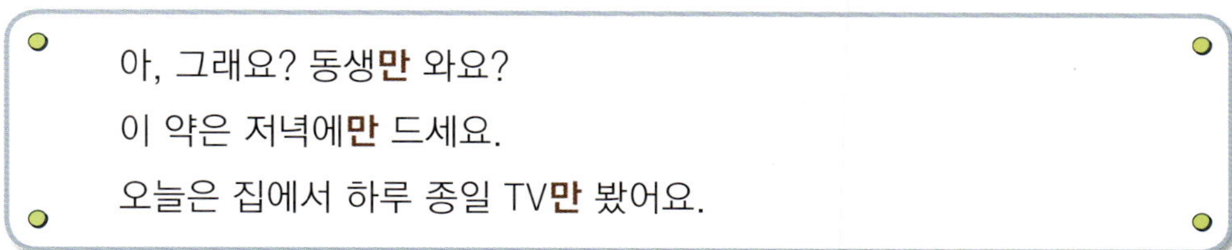

아, 그래요? 동생**만** 와요?

이 약은 저녁에**만** 드세요.

오늘은 집에서 하루 종일 TV**만** 봤어요.

1. [보기]와 같이 써 보세요.

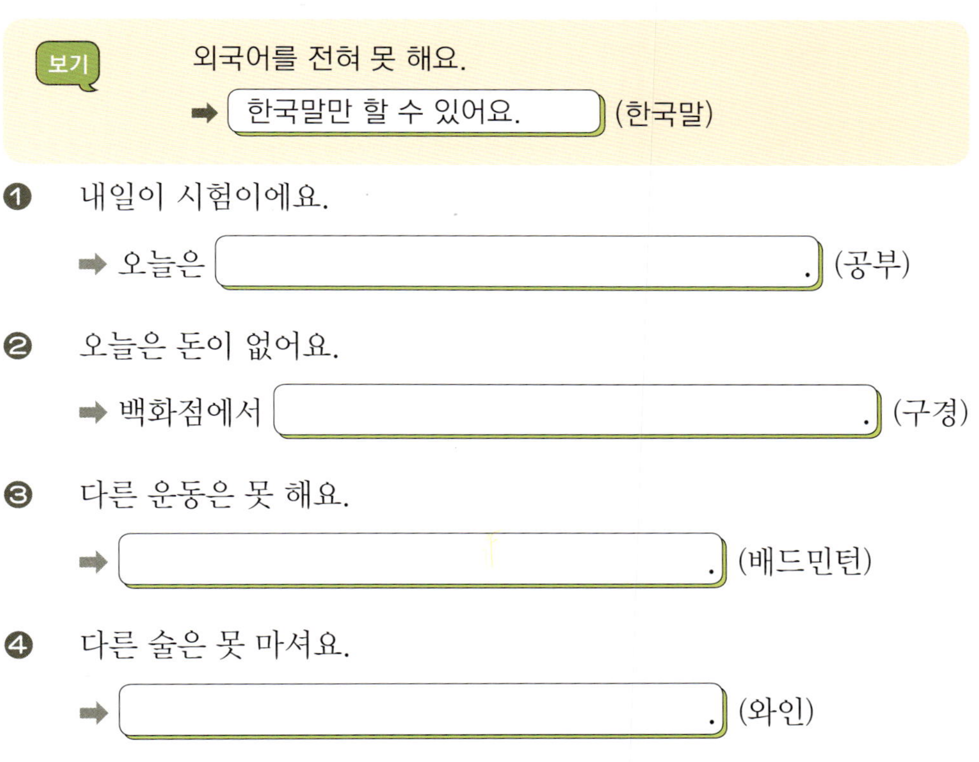

보기   외국어를 전혀 못 해요.
➡ 한국말만 할 수 있어요. (한국말)

❶ 내일이 시험이에요.

➡ 오늘은 ________________________. (공부)

❷ 오늘은 돈이 없어요.

➡ 백화점에서 ________________________. (구경)

❸ 다른 운동은 못 해요.

➡ ________________________. (배드민턴)

❹ 다른 술은 못 마셔요.

➡ ________________________. (와인)

2. [보기]와 같이 대화를 완성해 보세요.

> **보기**
>
> 가:　이번 학기에 일곱 과목 들어요? (여섯 과목)
> 나:　아니요. 여섯 과목만 들어요.

❶ 가: 오빠가 있어요? (언니와 남동생)

　　나: 아니요. ________________________ .

❷ 가: 술 그만 마시고 집에 가요. (한 잔)

　　나: ________________________ .

❸ 가: 아주머니, 비싸요. 조금 깎아 주세요.

　　나: 알았어요. 그럼 ________________________ .

❹ 가: 교회에 매일 가요?

　　나: 아니요. ________________________ .

3. [보기]와 같이 그림을 보고 문장을 만들어 보세요.

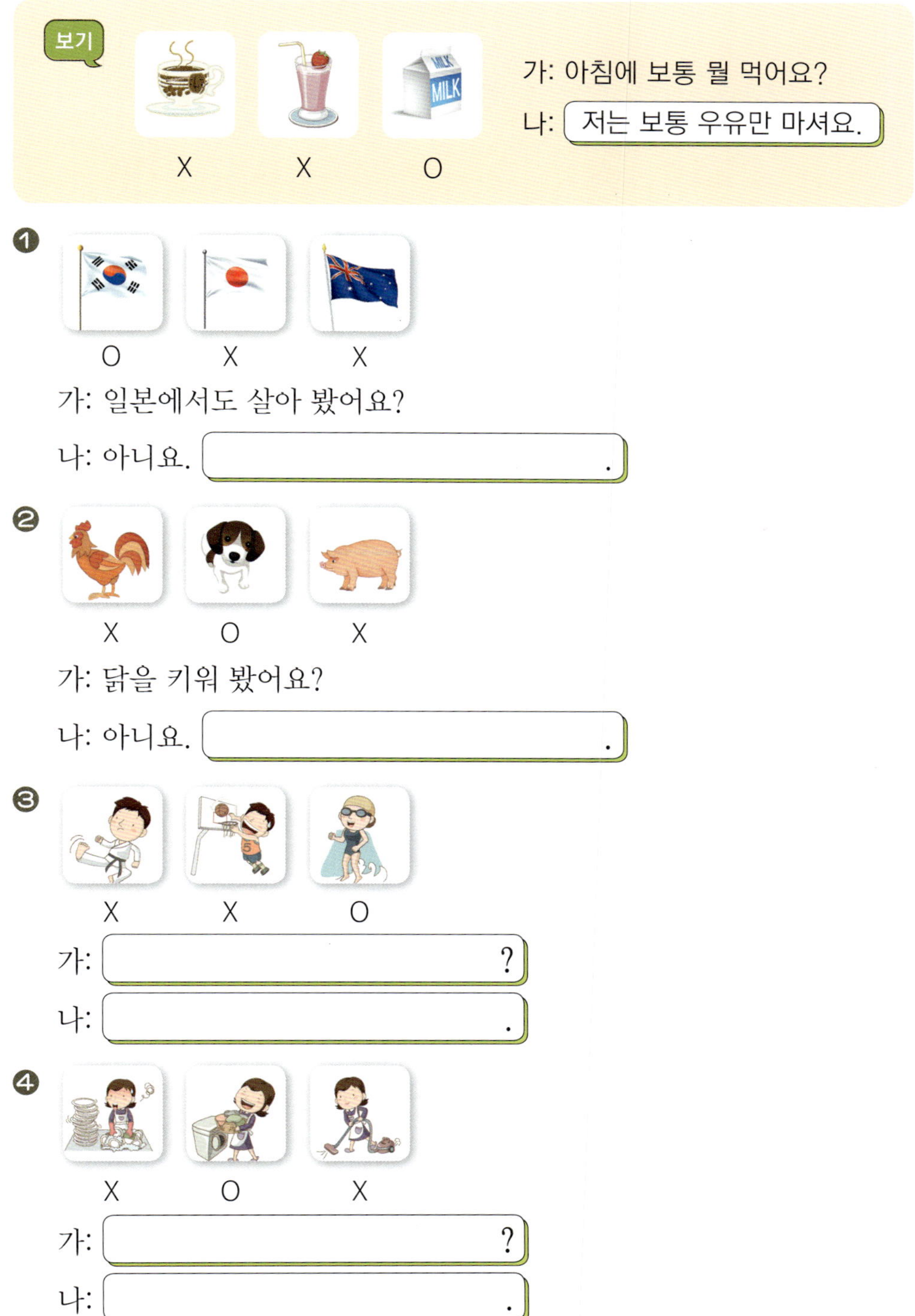

1. 다음 대화를 듣고 물음에 답하세요.

08-04

1 누라슬은 지금 어디에, 왜 가요?

____

2 다음 중 들은 내용과 맞는 것을 고르세요.

① 지훈은 이번 방학에 일본에 가려고 한다.

② 누라슬은 다음 방학에 일본에 갈 것이다.

③ 지훈은 지난 방학에 에펠탑을 보러 프랑스에 갔다.

④ 누라슬은 이번 방학에 일본에 간다.

3 일본과 프랑스에서 할 수 있는 것을 이야기해 보세요.

일본에서는 _______________________________________.

프랑스에서는 ______________________________________.

TIP 먼저 두 명이 한 팀이 되어 지도를 보고 갈 곳을 선택하세요. 그리고 그곳에 가고 싶은 이유를 이야기해 보세요.

내가 가고 싶은 장소	이유 1	이유 2
팀이 결정한 장소		

우리 반 친구들과 함께 갈 여행지는 ________________________________.

왜냐하면 ________________________________

____

____

1. 다음 글을 읽고 물음에 답하세요.

제 이름은 이리나이고 우크라이나 사람입니다. 저는 2년 전에 한국에 와서 지금은 대학교에서 경제학을 전공하고 있습니다.

대학을 졸업한 후에 한국 대학원에 입학해서 공부를 계속하고 싶습니다. 대학원을 졸업하면 우크라이나에 돌아가서 제 고향에 있는 대학교에서 교수가 되면 좋겠어요.

교수가 된 후에는 착하고 잘 생긴 제 남자 친구와 결혼을 하면 좋겠어요. 제 결혼식에 한국에 있는 친구와 교수님 모두 고향으로 초대할 거예요. 제 친한 친구와 교수님 모두 제 결혼식에 오시면 좋겠어요. 10년 후에는 가족하고 같이 한국에 돌아와서 살면 좋겠어요.

1 이 글은 무엇에 대한 내용이에요?

① 이리나 씨의 결혼 　　　　　② 이리나 씨의 고향

③ 이리나 씨의 계획 　　　　　④ 이리나 씨의 생활

2 다음 문장을 읽고 맞으면 O, 틀리면 X 하세요.

① 이리나 씨는 한국에서 결혼을 하려고 해요. 　　　　(　　　)

② 이리나 씨는 대학원에 다닐 거예요. 　　　　(　　　)

3 이리나 씨는 대학원 졸업 후에 무엇을 하고 싶어 해요?

____

4 이리나 씨는 10년 후에 무엇을 하고 싶어 해요?

____

2. 여러분도 미래의 계획을 써 보세요. 여러분은 3년 후나 5년 후에 어디에서 누구와 무엇을 하면 좋겠어요? 그 이유는 뭐예요?

● 먼저, 다음 질문에 대답해 보세요.

지금은 뭐해요?

3년 후에 뭐 하면 좋겠어요?

5년 후에 뭐 하면 좋겠어요?

● 위 대답을 이용하여 글을 써 보세요.

09 발표는 어떻게 해요?

- 여러분은 언제 발표를 하나요?

- 발표할 때의 어려운 점은 뭐예요?

교　수　이번 학기에는 조별 발표가 있습니다. 각 조의 대표는 발표
　　　　주제를 다음 주 월요일까지 제출해 주세요. 질문 있으면 하세요.

왕웨이　교수님, 발표는 어떻게 해요?

교　수　PPT를 사용해서 짧고 명확하게 해야 합니다.

첸　첸　발표 시간은요?

교　수　20분 내외로 해 주세요.

어휘	발음
조별, 발표, 대표, 주제, 제출하다, PPT, 명확하다, 내외	명확하게 [명화카게] PPT [피피티]

09-02

교 수	여러분, 다음 주에 화상 강의가 있으니 꼭 참석하세요.
학생 1	강의 주제가 뭐예요?
교 수	강의 주제는 '다문화의 이해'입니다. 이번 강의는 마이클 장 교수님께서 하시기로 했습니다.
학생 2	그럼 교수님께서 영어로 강의를 하세요?
교 수	아니요. 한국어로 강의를 하세요. 장 교수님께서는 한국어를 아주 잘 하세요.

어휘	발음
화상 강의, 참석하다, 다문화, 이해	참석하세요 [참서카세요]

왕웨이	오늘 수업에 왜 안 왔어요?
첸 첸	일이 좀 있었어요.
왕웨이	교수님께 미리 말씀드렸어요?
첸 첸	아니요. 왜요?
왕웨이	교수님께서는 출석을 아주 중요하게 생각하시는 것 같아요. 결석과 지각을 많이 하면 출석 점수가 안 좋을 거예요.
첸 첸	그래요? 그럼 지금 교수님께 가서 말씀드릴게요.

어휘	발음
말씀드리다, 출석, 결석, 지각, 점수	출석 [출썩] 결석 [결썩] 말씀드릴게요 [말씀드릴게요]

대학교 교실

1 A-게

> PPT를 사용해서 짧고 **명확하게** 해야 합니다.
>
> CD를 듣고 **정확하게** 따라하세요.
>
> 글을 읽고 **간단하게** 요약하세요.

1. [보기]와 같이 문장을 완성하세요.

> **보기** 어제 영화를 (재미있다) [재미있게] 봤어요.

❶ 머리를 (길다) [   ] 기르고 싶어요.

❷ 인터넷에서 옷을 더 (싸다) [   ] 살 수 있어요.

❸ 어제 우연히 선생님을 만났어요. (반갑다) [   ] 인사했어요.

❹ 초대해 주셔서 감사합니다. 저녁을 아주 (맛있다) [   ] 먹었어요.

2. [보기]의 단어를 이용하여 문장을 완성하세요.

> **보기**　　크다　　맵지 않다　　행복하다　　깨끗하다

❶　아주머니: 김치찌개 어떻게 해 드릴까요?

　　손　　　님: 매운 것을 못 먹어요. ＿＿＿＿＿＿＿ 해 주세요.

❷　세탁소 주인: 드라이클리닝 하실 거예요?

　　손　　　님: 네. 커피를 쏟았어요. ＿＿＿＿＿＿＿ 얼룩을

　　　　　　　　빼 주세요.

❸　친　구: 결혼 축하해요. ＿＿＿＿＿＿＿ 사세요.

　　신　랑: 결혼식에 와 주셔서 감사합니다.

❹　손　　　님: 이 사진이 마음에 들어요. 예쁘게 나왔어요.

　　사진관 주인: 그럼 ＿＿＿＿＿＿＿ 확대해 드릴까요?

V-아야 하다/어야 하다/해야 하다

> PPT를 사용해서 짧고 명확하게 **해야 합니다.**
>
> 내일까지 보고서를 **제출해야 해요.**
>
> 운동을 꼭 **해야 해요.**

1. [보기]와 같이 문장을 연결하여 한 문장으로 써 보세요.

보기	카드를 잃어버렸어요	●	● 병문안 가다
❶	시험이 9시에 시작해요	●	● 공항에 마중가다
❷	친구가 오늘 한국에 와요	●	● 다시 만들다
❸	친구가 병원에 입원했어요	●	● 9시 전에 학교에 도착하다

> 보기   카드를 잃어버려서 다시 만들어야 해요.

❶ ________________________________ .

❷ ________________________________ .

❸ ________________________________ .

2. 남자 친구나 여자 친구 또는 아들이나 딸이 꼭 해야 하는 것은 무엇일까요?

좋은 (남자/여자) 친구는...
1. 나만 사랑해야 해요.
2. 매일 ________________
3. ________________
4. ________________

좋은 아들/딸은...
1. 거짓말을 하지 않아야 해요.
2. ________________
3. ________________
4. ________________

3 V-기로 하다

> 이번 강의는 마이클 장 교수님께서 **하시기로 했습니다.**
>
> 조별로 발표를 **하기로 했어요.**
>
> 방학 때 뭐 **하기로 했어요**?

1. [보기]와 같이 질문에 대한 답을 써 보세요.

보기
가: 오늘 오후에 뭐 할 거예요? (친구, 영화를 보다)
나: 친구와 영화를 보기로 했어요.

❶ 가: 내일 뭐 할 거예요? (준코, 도서관, 공부하다)

   나: __________________________________.

❷ 가: 저녁에 뭐 할 거예요? (엄마, 백화점, 가다)

   나: __________________________________.

❸ 가: 일요일에 뭐 할 거예요?

   나: __________________________________.

❹ 가: 이번 방학에 뭐 할 거예요?

   나: __________________________________.

2. 다음 그림 중 하나를 골라 [보기]처럼 만들어 보세요.

무엇을 하는 동아리예요?	
언제 만나요?	
어디에서 만나요?	
회비는 있어요? 얼마예요?	
회비로 무엇을 해요?	
동아리의 이름은 무엇이에요?	

-테니스 사랑-
빌리 씨와 저는 테니스 동아리를 만들기로 했어요.
우리는 운동장에서 만나기로 했어요.
매주 월요일 오후 2시에 만나기로 했어요.
동아리의 이름은 '테니스 사랑'으로 하기로 했어요.
회비는 한 달에 만원이에요. 회비로 밥을 먹기로 했어요.

3. 새해에는 어떤 결심을 했어요? 친구들에게 이야기해 보세요.

> □ 밤에 늦게 자지 않기로 했어요.
>
> □ _______________________________
>
> □ _______________________________
>
> □ _______________________________
>
> □ _______________________________
>
> □ _______________________________

1. 다음 토론을 듣고 물음에 답하세요.

09-04

1 들은 내용과 <u>다른</u> 것을 고르세요.

① 남자는 일회용품 사용에 반대합니다.

② 이 토론의 주제는 '일회용품 사용'입니다.

③ 현재의 일회용품은 재활용이 가능합니다.

④ 여자는 일회용품 사용의 장점을 이야기할 것입니다.

2 남자가 일회용품 사용을 반대하는 이유는 무엇입니까?

____

3 여자의 의견은 무엇일까요? 여자가 말하려고 하는 것이 무엇일지 이야기해 보세요.

____

____

____

허용	근거(이유)

금지	근거(이유)

TIP

사회자: OO의 의견을 들어보겠습니다.
반대 의견이 있습니까?
다른 의견 이야기해 주십시오.

토론자: 저는 그 의견에 반대/찬성합니다.
저는 OO와 다르게 생각합니다.

1. 다음 글을 읽고 물음에 답하세요.

어제 한국어학과 학생들이 회의를 했습니다. 강의실에 쓰레기통을 없애는 문제 때문이었습니다. 제이슨은 쓰레기통을 없애는 의견에 반대했고 마이클은 쓰레기통을 없애는 의견에 찬성했습니다. 제이슨이 말했습니다.

"쓰레기통을 없애면 교실이 더러워질 것입니다. 쓰레기통이 없어서 학생들이 교실 바닥에 쓰레기를 버리기 때문입니다."

이 말을 듣고 마이클이 이야기했습니다.

"쓰레기통이 없으면 학생들이 강의실에 쓰레기를 가져오지 않을 것입니다. 그리고 쓰레기통을 비우지 않으면 나쁜 냄새도 납니다."

한국어학과 학생들은 쉽게 결정하지 못했습니다.

1 읽은 내용과 같으면 O, 다르면 X 하세요.

① 이 회의의 결정은 쉽지 않았습니다. (　　　)

② 현재 강의실에 쓰레기통이 있습니다. (　　　)

③ 마이클은 제이슨의 의견에 반대합니다. (　　　)

2 제이슨이 쓰레기통을 없애는 것에 반대한 이유가 무엇입니까?

____

3 여러분의 의견은 어때요? 써 보세요.

____

2. 여러분도 우리 학교나 교실에서 고쳐야 할 점에 대해 써 보세요.

고쳐야 할 점	
이유	1. 2.
개선 방안	1. 2. 3.

10 도서관에서 책을 빌린 적이 없어요

- 여기가 어디예요?

- 여기에서 무엇을 해요?

준 코	도서관에서 책을 빌린 적이 없어요. 어떻게 빌려요?
동 건	그럼, 내가 도서 대출 방법을 알려 줄게요.
준 코	고마워요.
동 건	먼저 도서관 홈페이지에 있는 통합 검색을 누르세요. 그리고 책의 제목이나 저자를 입력하세요.
준 코	잠깐만요. 이렇게요?
동 건	네. 그 책의 제목을 눌러 보세요. 이게 그 책의 청구번호예요. 도서관에 가서 그 번호의 책을 찾아서 빌리세요.

어휘

도서, 대출, 통합, 저자, 입력하다, 청구번호

발음

입력하다 [임녀카다]
이렇게요 [이러케요]

10-02

준 코	이 책 다 못 읽었는데 대출 기간을 연장할 수 있어요?
직 원	잠깐만요. 연장 가능한지 확인해 보겠습니다.
	1회 더 연장할 수 있네요.
준 코	그럼 연장해 주세요.
직 원	연장 기간은 14일입니다.
준 코	혹시 인터넷으로도 대출 기간을 연장할 수 있어요?
직 원	네. 반납 예정일 2일 전부터 할 수 있습니다.

어휘	발음
연장하다, 가능하다, 반납 예정일	못 읽었는데 [몬 닐건는데] 14일입니다 [십싸이림니다]

왕웨이	어디 가요?
누라슬	도서관에 책을 반납하러 가요. 도서관이 몇 시에 문을 닫는지 알아요?
왕웨이	자료 열람실은 20시이고 일반 열람실은 24시예요.
누라슬	24시간 열람실은 없어요?
왕웨이	있어요. 아직 한 번도 안 가 봤어요?
누라슬	네. 그런데 어디에 있어요?
왕웨이	도서관 건물 지하에 있어요. 거기는 24시간 개방해요.

어휘	발음
반납하다, 문을 닫다, 열람실, 일반, 건물, 지하, 개방하다	반납하러 [반나파러] 몇 시에 [멷 시에] 24시간 [이십싸시간]

관 련 어 휘

도서관 홈페이지에서 책을 검색해 봅시다.

빠른 검색

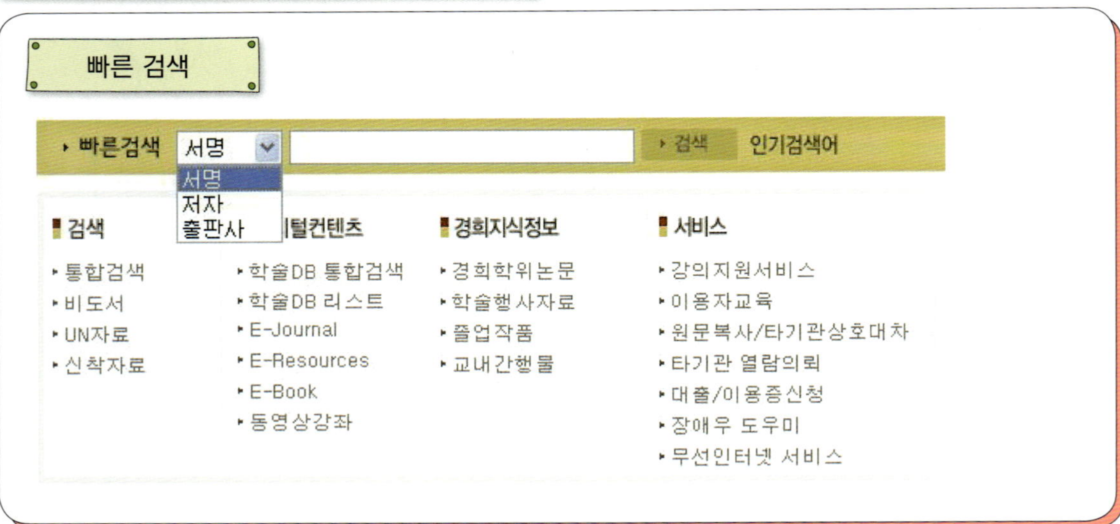

통합 검색

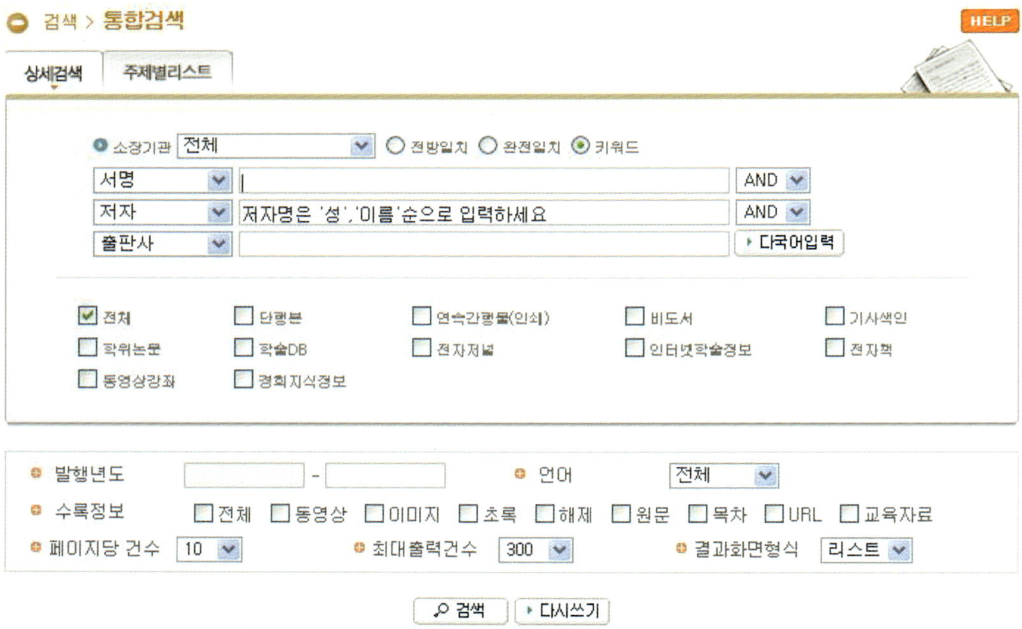

1   **V-ㄴ 적이 [있다/없다]/은 적이 [있다/없다]**

> 도서관에서 책을 **빌린 적이 없어요.**
> 한국 소설책을 **읽은 적이 있어요.**
> 편의점에서 **아르바이트 한 적이 있어요.**

1. [보기]와 같이 문장을 완성해 보세요.

		V-ㄴ/은 적이 [있다/없다]
보기 해외여행을 가다	○	해외여행을 간 적이 있어요.
삼계탕을 먹다	×	
혼자 여행하다	○	
한국 노래를 듣다	×	
유명한 사람을 만나다	○	
한국에서 머리를 자르다	×	

2. [보기]와 같이 대화를 완성해 보세요.

> 보기   가: 한복을 입어 본 적이 있어요?
> 나: 아니요. 입어 본 적이 없어요.

❶ 가: 새로 나온 휴대폰인데 알아요?

     나: 네.   .

❷ 가: 제주도에 처음 가요?

     나: 아니요.   .

❸ 가: 한국 영화 본 적이 있어요?

나: 아니요. [.]

❹ 가: 요즘 인기 있는 노래인데 알아요?

나: 네. [.]

3. 친구의 과거를 알고 싶어요? 친구들과 진실게임을 해 보세요.

게임 방법: 먼저 종이에 한 사람이 한 개씩 질문을 쓰세요. 하나의 통에 모은 후 한 명씩 차례대로 종이를 뽑으세요. 종이에 있는 질문에 대답합니다. 대답을 안 하면 안 돼요.

보기

여자(남자) 친구와 길에서 뽀뽀해 본 적 있어요?

부모님께 거짓말 한 적이 있어요?

2 A/V-네요

1회 더 연장할 수 **있네요**.

동건이가 축구를 참 **잘하네요**.

카페 분위기가 정말 **좋네요**.

1. [보기]와 같이 문장을 알맞게 연결해 보세요.

이번에 새로 산 컴퓨터예요. ●━━━● 정말 빠르네요.

❶ 이 스카프 어때요?
  오늘 선물 받았어요.   ● 와! 잘 생겼네요.

❷ 제가 만든 과자예요. 먹어 보세요.   ● 정말 부지런하네요.

❸ 이 사람이 제 남자 친구예요.   ● 아주 맛있네요.

❹ 매일 아침 5시에 일어나서   ● 잘 어울리네요.
  운동해요.

2. [보기]와 같이 반 친구를 칭찬해 보세요.

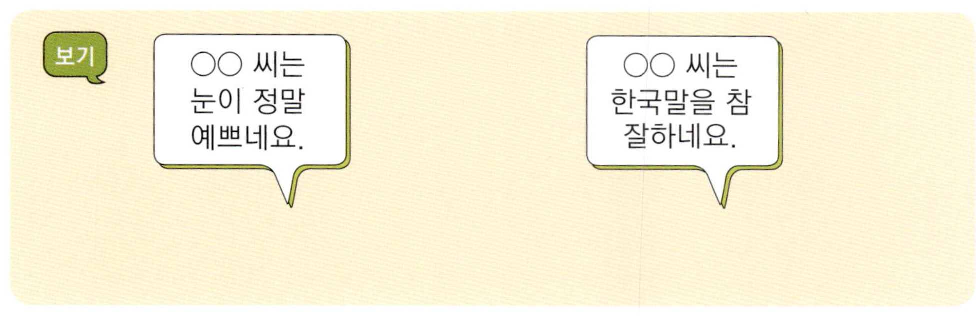

3   V-는지, A-ㄴ지/은지

> 연장 **가능한지** 확인해 보겠습니다.
> 시험을 언제 **보는지** 모르겠어요.
> 준코가 어제 누구를 **만났는지** 알아요?

1. [보기]와 같이 문장을 연결해 보세요.

[보기]   첸첸 씨가 왜 기분이 좋아요? 알아요?
➡   첸첸 씨가 왜 기분이 좋은지 알아요?

❶ 나한테 어떤 옷이 잘 어울려요? 추천해 주세요.

➡ [.]

❷ 지금 어디가 아파요? 말해 보세요.

➡ [.]

❸ 미나코가 다음 학기에 무슨 과목을 들어요? 알아요?

➡ [.]

❹ 저 사람이 어느 나라 사람이에요? 알아요?

➡ [.]

2. [보기]와 같이 다음의 질문을 만들어 보세요.

[보기]   가: 첸첸 씨가 [무슨 일을 하는지 알아요?]
       나: 네. 무역 회사에 다녀요.

① 가: 왕웨이가 어디가   ?

    나: 네. 머리가 아픈 것 같아요.

② 가: 유나 씨 수업이 언제   ?

    나: 네. 2시에 끝나요.

③ 가: 컴퓨터가 왜   ?

    나: 네. 바이러스 때문에 고장났어요.

④ 가: 준코 씨가 어디에   ?

    나: 네. 학교 근처에 살아요.

3. 다음을 읽고 빈칸에 알맞은 말을 써 보세요.

제 룸메이트는 라시드입니다. 3개월 동안 같이 살았지만 어느 나라 사람인지 잘 모르겠습니다. 어느 나라에서 **①**   알고 싶습니다. 어제는 룸메이트가 새벽 3시에 들어왔습니다. 술을 많이 마신 것 같았습니다. 하지만 누구하고 **②**   모르겠습니다. 나중에 룸메이트에게 어제 누구를 **③**   무슨 일이 **④**   물어볼 겁니다.

1. 다음 대화를 듣고 물음에 답하세요.

10-04

1 들은 내용과 같은 것을 고르세요.

① 동건은 요즘 서점에서 아르바이트를 합니다.

② 동건은 매일 한 시간씩 아르바이트를 합니다.

③ 하루코는 도서관에서 아르바이트를 하고 있습니다.

④ 하루코는 책이 무거워서 도서관 아르바이트가 힘듭니다.

2 하루코는 도서관 아르바이트가 왜 어렵다고 했어요?

____

3 하루코는 왜 하루에 한 시간씩 한자 공부를 해요?

____

2. 여러분은 아르바이트를 해 본 적이 있어요? 자신의 경험을 말해 보세요.

1. 다음 안내글을 읽고 물음에 답하세요.

〈도서 예약〉

　읽고 싶은 책이 대출 중이면 예약할 수 있습니다. 예약방법은 도서관 홈페이지에서 빌리고 싶은 책의 예약 아이콘을 클릭하면 됩니다. 예약도서가 반납되면 도서관에서 문자 메시지와 이메일로 연락해 줍니다. 1명이 책 3권까지 예약할 수 있습니다.

〈도서 연체〉

　대출한 도서를 연체하면 책 1권에 1일 100원의 연체료를 내야 합니다. 30일 이상 연체하면 장기연체자가 됩니다. 그러면 1개월 동안 책을 빌릴 수 없습니다. 대출한 책을 분실하면 도서관에 직접 방문해서 분실신고를 반드시 해야 합니다.

1　위 글의 내용과 같은 것을 고르세요.

① 도서 예약은 직접 해야 합니다.

② 도서 예약은 3권까지 가능합니다.

③ 도서 예약은 아무 때나 할 수 있습니다.

④ 예약 도서가 반납되면 전화로 연락해 줍니다.

2　도서 연체에 대해 <u>틀린</u> 내용을 고르세요.

① 도서 연체료는 1권에 1일, 100원입니다.

② 도서를 30일 이상 연체하면 장기연체자가 됩니다.

③ 대출한 도서를 분실하면 이메일로 신고해야 합니다.

④ 장기연체자가 되면 1달 동안 책을 대출할 수 없습니다.

3　읽고 싶은 책을 다른 사람이 빌려 갔다면 어떻게 합니까?

2. 여러분은 무엇을 빌려본 적이 있어요? 누구에게, 무엇을, 어디에서, 왜 그리고 어떻게 빌렸는지 [보기]와 같이 써 보세요.

무엇을: 한복

- 누구에게/어디에서: 한복 대여점
- 왜: 한복을 입어 보고 싶어서
- 어떻게: 대여점 3곳에 가서 직접 입어 봤어요.
  대여료를 비교해 봤어요.
  가장 싸고 예쁜 한복을 골랐어요.
- 주의사항: 1일 연체하면 1벌에 2,000원
  옷을 분실하면 100,000원

보기 한복 대여

저는 한복을 입어 본 적이 없어요. 그래서 한복을 입어 보고 싶어서 한복을 빌렸습니다. 한복은 한복 대여점에서 빌릴 수 있었습니다. 처음에는 예쁜 한복이 많아서 모두 입고 싶었지만 한복 대여점 3곳에 가서 가장 예쁘고 대여료가 싼 옷을 비교해 봤습니다. 보통 1주일에 2만원이고 1일 연체하면 한 벌에 2,000원, 한복을 분실하면 100,000원이었습니다. 저는 대여점 사장님께 18,000원에 빌려서 한복을 입고 예쁘게 사진을 찍었습니다.

무엇을:

- 누구에게/어디에서:
- 왜:
- 어떻게:

- 주의사항:

11 이번 주 토요일에 집들이를 하려고 해요

- 여러분은 이사해 봤어요?

- 이사한 후에 무엇을 해요?

준 코	이사 잘 했어요?
진 영	네. 이번 주 토요일에 집들이를 하려고 해요.
준 코	그래요? 몇 시에 해요?
진 영	12시 30분까지 집으로 오세요.
준 코	새로 이사한 집이 어디예요?
진 영	슈퍼마켓 건너편 아파트예요.
준 코	어떻게 가야 돼요?
진 영	학교 앞에서 마을버스 타고 오면 돼요.

어휘	발음
이사, 집들이, 건너편	집들이 [집뜨리]

11-02

준 코	이번 주 토요일에 진영 씨 집들이에 가요?
지 훈	네. 가려고요.
준 코	그런데 집들이에 갈 때 무슨 선물을 해요?
지 훈	보통 세제나 휴지를 선물해요.
준 코	어머! 왜요?
지 훈	선물에 의미가 있어요. 세제는 거품이 많이 나니까 돈을 많이 벌 수 있고 휴지를 받으면 모든 일이 쉽게 잘 풀려요.
준 코	아! 그렇군요. 다른 선물은 안 돼요?
지 훈	아니요. 요즘에는 화분도 많이 해요.

어휘	발음
세제, 휴지, 거품, 벌다, 풀리다, 화분	그렇군요 [그러쿤뇨]

준 코	집이 너무 깨끗하고 좋은데요. 이거 받으세요.
진 영	고마워요. 화분이 아주 예쁘네요. 여기 앉으세요.
준 코	와! 음식이 아주 많아요.
진 영	많이 드세요.
준 코	이 음식 이름이 뭐예요? 처음 봤어요.
진 영	갈비찜이에요.
준 코	맛있겠어요.
진 영	그렇다고 너무 급하게 먹지는 마세요. 체해요.

어휘	발음
갈비찜, 급하다, 체하다	급하게 [그파게]

이사

집들이
이사떡
용달이사
포장이사
보관이사
이사
싸다
이삿짐을 풀다
정리하다
이사 가다
이사 오다
이사하다

1   A/V-면 되다/으면 되다

> 학교 앞에서 마을버스 타고 **오면 돼요**.
>
> 먼저 비행기표를 **예약하면 됩니다**.
>
> 집 근처에 공원이 있고 **조용하면 돼요**.

1. [보기]와 같이 질문에 대답해 보세요.

[보기]

가: 운전면허증을 빨리 따고 싶은데 어떻게 해야 돼요?

나: 운전 학원에 다니면 돼요.

❶ 가: 중간고사를 잘 못 봤는데 어떻게 하지요?

나: 걱정하지 마세요.   .

❷ 가: 숙제 다 했어요? 같이 밥 먹으러 가요.

나: 잠깐만 기다리세요.   .

❸ 가: 아직도 멀었어요? 다리가 너무 아파요.

나: 5분 정도만 더   .

❹ 가: 수원역에 가려고 하는데 몇 번 버스를 타면 돼요?

나: .

2. 여러분의 이상형은 어떤 사람이에요? 어떤 조건을 가진 남자/여자친구를 찾아요? 이야기해 보세요.

2 A/V-ㄹ 때/을 때

집들이에 **갈 때** 무슨 선물을 해요?

맛있는 음식을 **먹을 때** 기분이 좋아요.

운동할 때 언제나 음악을 듣습니다.

1. [보기]와 같이 질문에 대답해 보세요.

보기

가: 언제 기분이 좋아요?

나: 여자 친구를 만날 때 기분이 좋아요.

❶ 가: 언제 가족이 보고 싶어요?

나: ____________________ .

❷ 가: 언제 행복해요?

나: ____________________ .

❸ 가: 언제 남자/여자 친구하고 헤어지고 싶어요?

나: ____________________ .

❹ 가: 언제 화가 나요?

나: ____________________ .

2. 다음 물건들은 언제 사용해요? 이야기해 보세요.

컴퓨터를 할 때 사용해요.	❶	❷
❸	❹	❺

3 N나/이나

보통 세제**나** 휴지를 선물해요.

게시판**이나** 홈페이지를 확인하세요.

제주도**나** 설악산에 여행을 가고 싶어요.

1. [보기]와 같이 질문에 대답해 보세요.

보기

가: 뭘 살까요?

나: 책이나 CD를 사요.

❶  

가: 이번 주에 어디에 놀러 갈까요?

나: .

❷  

가: 무슨 운동을 자주 하세요?

나: .

❸  　　가: 무엇을 먹을까요?

나: ______________________________ .

❹ 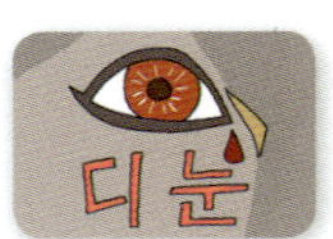 　　가: 무슨 영화를 보고 싶어요?

나: ______________________________ .

2. 다음 [보기]와 같이 이야기해 보세요.

[보기]

가: 여보세요?

나: 여보세요?

가: 저 미나예요. 지금 슈퍼마켓에 왔어요. 무엇을 사 갈까요?

나: 과일 이 없어요. 수박이나 딸기 를 사 오세요.

가: 또 필요한 거 없어요?

나: 네. 없어요.

과일	
생활용품	
음료	

1. 다음 대화를 듣고 물음에 답하세요.

11-04

1 다음 중 <u>틀린</u> 것을 고르세요.

① 마리코는 지난주에 집들이를 했어요.

② 마리코는 화장지 선물을 많이 받아서 기분이 나빴어요.

③ 마리코는 한국 사람이 화장지를 선물하는 이유를 몰랐어요.

④ 한국 사람들은 선물에 의미가 있어서 상황에 따라서 다른 선물을 해요.

2 다음 선물의 의미를 쓰세요.

	언제 선물해요?	선물에 무슨 뜻이 있어요?
화장지		
거울		

2. 여러분 나라에서도 자주 하는 선물이 있어요? 언제, 왜 그 선물을 해요?

1. 다음 글을 읽고 물음에 답하세요.

> 오늘의 건강 상식입니다. 오늘은 스트레스에 대해서 알아보겠습니다. 스트레스는 모든 병의 원인이 됩니다. 그러므로 스트레스는 빨리 푸는 것이 좋습니다. 그렇다면 스트레스가 쌓일 때 어떻게 하는 것이 좋을까요? 첫째, 초콜릿이나 단 음식을 먹으면 됩니다. 초콜릿을 먹으면 기분이 좋아집니다. 둘째, 즐거운 음악을 듣는 것도 좋습니다. 셋째, 물을 많이 마시세요. 몸에 물이 부족하면 쉽게 피로를 느낄 수 있습니다. 마지막으로 야외로 나가는 것도 좋습니다. 따뜻한 햇빛은 기분을 더 좋게 합니다.

1 스트레스를 빨리 풀어야 하는 이유는 무엇입니까?

____

2 다음은 스트레스를 푸는 방법입니다. 맞으면 O, 틀리면 X 하세요.

① 과자를 먹습니다.　　　　　　（　　　　）

② 밖에 나갑니다.　　　　　　　（　　　　）

③ 초콜릿을 먹습니다.　　　　　（　　　　）

④ 즐거운 음악을 듣습니다.　　　（　　　　）

3 몸에 물이 부족하면 어떻게 됩니까?

____

2. 다음은 여러분의 스트레스 정도에 관한 테스트입니다. 여러분이 해당하는 것에
표시하세요.

		네	아니요
1	늘 피곤합니다.		
2	잠을 잘 못 잡니다.		
3	실수를 자주 합니다.		
4	나의 미래가 불안합니다.		
5	작은 일에도 화가 납니다.		
6	자주 술을 마시고 싶습니다.		
7	자주 목이나 어깨가 아픕니다.		
8	예전에 좋아한 일에도 관심이 없습니다.		
9	다른 사람이 나보다 행복한 것 같습니다.		
10	나를 이해해 주는 사람이 없는 것 같습니다.		

0~2개	스트레스가 없는 편입니다.
3~4개	스트레스가 점점 많아지고 있습니다. 취미 생활을 가져 보세요.
5~7개	스트레스가 심한 편입니다. 생활 방식을 바꿔 보세요.
8~10개	스트레스가 심각합니다. 휴식이 필요합니다. 그리고 전문가와 상담을 해 보세요.

3. 여러분은 스트레스가 많은 편입니까? 스트레스가 쌓일 때 어떻게 합니까? 스트
레스를 푸는 방법을 써 보세요.

언제 스트레스를 많이 받습니까?	
스트레스를 풀기 위해서 무엇을 합니까?	1. 2. 3.
여러 가지 방법 중 어떤 것이 가장 효과적이었습니까?	

12 한국 요리 할 줄 알아요?

- 한국 음식을 만들 수 있어요?

- 좋아하는 음식과 싫어하는 음식은 뭐예요?

12-01

유나	집들이 잘 다녀왔어요?
준코	네. 집도 좋고 음식도 아주 맛있었어요.
유나	무슨 음식이 맛있었어요?
준코	갈비찜하고 부침개가 아주 맛있었어요. 부침개를 또 먹고 싶어요.
유나	그럼, 오늘 저녁에 만들어 먹을까요?
준코	부침개를 만들 줄 알아요?
유나	그럼요. 아주 쉬워요.

어휘	발음
부침개	맛있었어요 [마시써써요]

유 나	우리 김치 부침개를 만들까요?
준 코	좋아요. 무슨 재료가 필요해요?
유 나	김치, 양파, 달걀, 밀가루만 있으면 돼요.
준 코	그럼, 어떻게 만들어요?
유 나	먼저 달걀을 풀어요. 그 다음에 밀가루에 달걀을 넣고 물을 넣어요. 마지막으로 잘게 썬 김치하고 양파를 넣고 섞으면 돼요.
준 코	아! 배고파요. 빨리 만들어요.

어휘	**발음**
재료, 필요하다, 양파, 달걀, 밀가루, 풀다, 썰다, 섞다	섞어요 [서꺼요] 넣고 [너코]

유　나　　라이언 씨, 안색이 안 좋아요. 어디 아파요?

라이언　　네. 배가 아파서 어제부터 아무 것도 못 먹었어요.

유　나　　그러면 죽을 드세요. 밥보다 소화가 잘 되고 영양도 많아요.

라이언　　그래요? 죽은 어디에서 사요?

유　나　　제가 죽을 만들 줄 알아요. 만들어 줄게요.

라이언　　정말 고마워요.

어휘	발음
죽, 소화, 영양	만들 줄 알아요 [만들 쭐 아라요]

요리 도구

요리 방법

1 V-ㄹ 줄 [알다/모르다]/을 줄 [알다/모르다]

> 부침개를 만들 **줄 알아요**?
>
> 저는 스키는 **탈 줄 모르지만** 보드는 **탈 줄 알아요**.
>
> 이 사진기로 사진을 **찍을 줄 몰라요**.

1. [보기]와 같이 그림을 보고 문장을 만들어 보세요.

보기 

저는 수영을 배웠어요.

➡ 수영할 줄 알아요.

❶ 테니스를 배웠어요.

➡ 　.

❷ 운전을 배웠어요.

➡ 　.

❸ 일본어를 안 배웠어요. X

➡ 　.

❹ 과자 만드는 것을 안 배웠어요. X

➡ 　.

문 법

2. [보기]와 같이 질문에 대답해 보세요.

> **보기**
>
> 가: 김치를 어떻게 만들어요? 좀 가르쳐 주세요.
>
> 나: 미안해요. 저도 만들 줄 몰라요.

❶ 가: 이 신청서를 쓸 줄 알아요?

나: 네. _______________________________.

❷ 가: 이 음식은 매울 것 같아요. 괜찮아요?

나: 그럼요. _______________________________.

❸ 가: 우리 노래방에 가요. 한국 노래 좋아해요?

나: 아니요. _______________________________.

❹ 가: 영수 씨가 어디에 있어요?

나: 글쎄요. _______________________________.

3. 여러분은 어떤 로봇이 필요해요?

> **보기**
>
> 저는 청소하는 것을 싫어해요.
> 청소할 줄 아는 로봇이 필요해요. 정리도 할 줄 알아야 해요.

____

____

____

____

> 아! **배고파요**.
> 라이언은 키가 **커요**.
> 어제 **아파서** 병원에 갔어요.

1. 다음 표를 완성해 보세요.

	-아요/어요	-아서/어서	-았어요/었어요	-ㅂ니다/습니다
쓰다	써요			
끄다		꺼서		
크다				큽니다
아프다			아팠어요	
바쁘다				
예쁘다				

2. [보기]와 같이 아래의 단어로 문장을 완성해 보세요.

예쁘다　　쓰다　　고프다　　바쁘다　　아프다

보기
가:　이 옷이 어때요?
나:　디자인이 아주 [예뻐서] 마음에 들어요.

❶　가: 오늘 회사에서 어땠어요?
　　나: 아주 [　　　　　　　] 아서/어서/해서 힘들었어요.

❷ 가: 인삼차가 어때요?

나: 인삼차는 조금 ____________지만 몸에는 좋아요.

❸ 가: 점심 먹었어요?

나: 아니요. 아직 안 먹어서 배가 ____________아요/어요/

해요.

❹ 가: 감기에 걸려서 목이 아파요.

나: 목이 ____________(으)면 따뜻한 물을 드세요.

3 N보다

죽이 밥**보다** 소화도 잘 되고 영양도 많아요.

돈**보다** 건강이 더 중요해요.

오늘**보다** 내일이 더 행복할 거예요.

1. [보기]와 같이 그림을 보고 문장을 만들어 보세요.

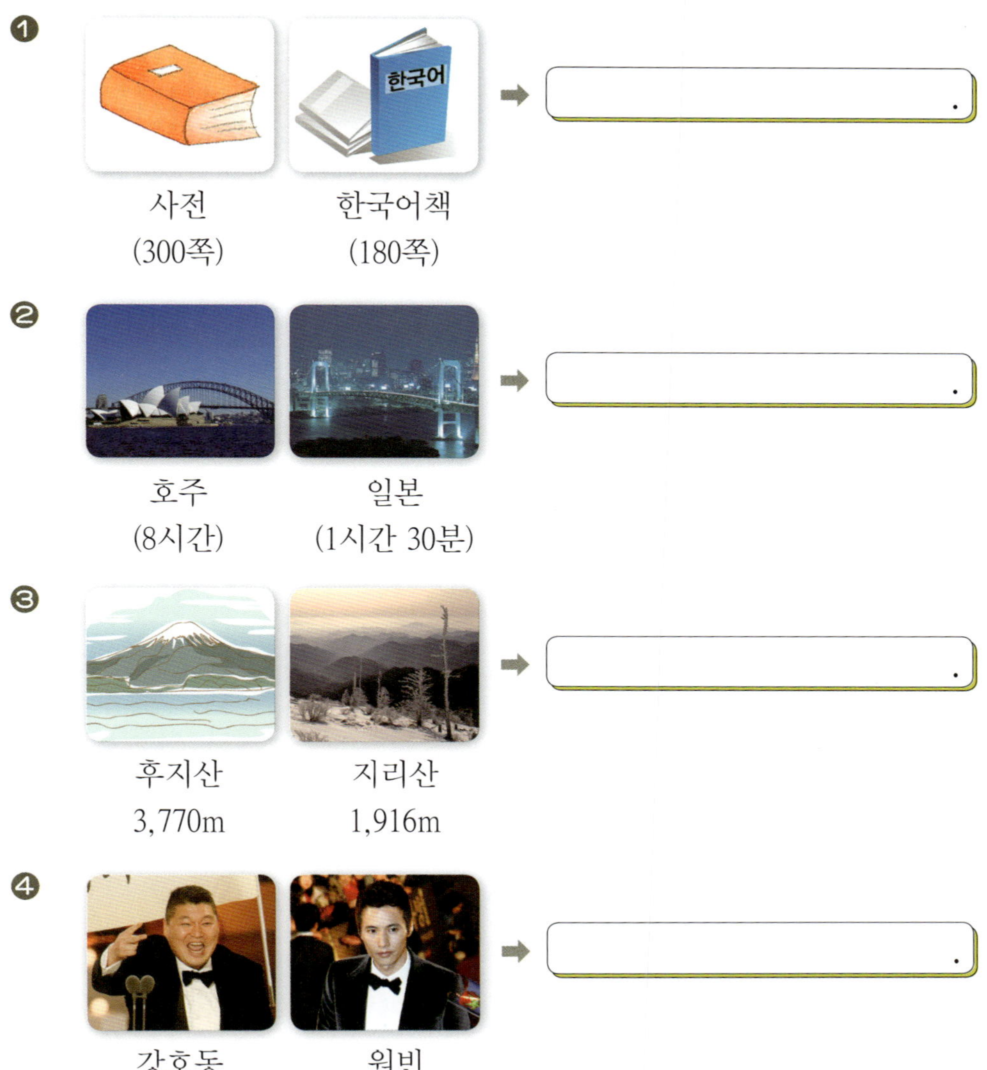

①
사전
(300쪽)
한국어책
(180쪽)

②
호주
(8시간)
일본
(1시간 30분)

③
후지산
3,770m
지리산
1,916m

④
강호동
원빈

2. [보기]와 같이 친구와 함께 이야기해 보세요.

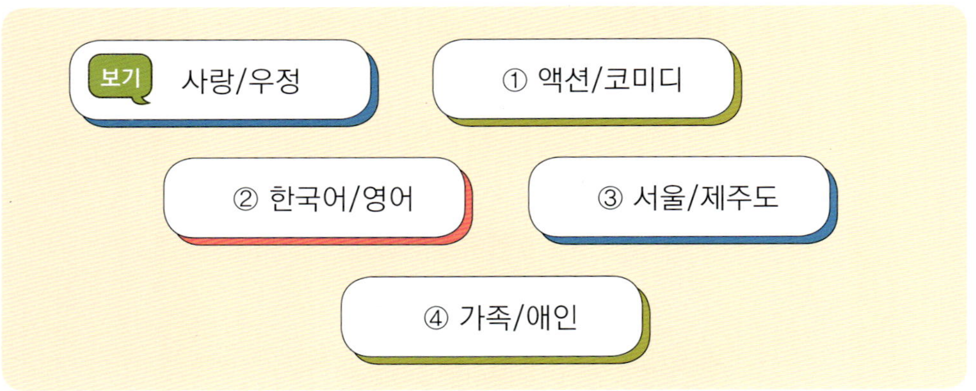

사랑과 우정 중에서 무엇이 더
중요해요? 왜 그렇게 생각해요?

사랑은 변하기 쉬우니까 사랑보다
우정이 더 중요해요.

듣 고 말 하 기

1. 다음 면접을 듣고 물음에 답하세요.

12-04

1 동건은 무슨 봉사 활동을 할 거예요?

____

2 대화를 듣고 동건의 이야기와 <u>다른</u> 것을 고르세요.

① 동건은 중국어를 할 줄 몰라요.

② 동건은 한국어를 가르쳐 봤어요.

③ 동건은 한국어 도우미를 한 적이 있어요.

④ 동건은 게시판에서 합격자 발표를 확인할 거예요.

3 동건은 봉사 활동에 참여하려면 어떤 마음이 중요하다고 생각했어요?

____

____

____

2. 다음은 봉사 활동 공고입니다. 하나를 선택하여 친구와 이야기해 보세요.

TIP 봉사 활동하려는 학생과 담당자 역할로 이야기해 보세요.

[8월 5일 봉사 활동 정보]

도서정리

주말 2시부터 6시까지
1학기에 3학점 인정
한국어를 읽고 쓸 줄 알아야 해요.

집짓기

5월 10일~11일
점심 식사 제공
정리를 잘 할 줄 알아야 해요.

1. 다음 요리 설명서를 읽고 물음에 답하세요.

> **오늘의 요리 : 닭죽**
>
> **재료 : 쌀, 닭고기, 당근, 양파, 소금 조금**
>
> ▼
>
> ㉠ 당근하고 양파를 잘게 썹니다. 닭고기는 센 불에서 볶습니다. ㉡ 닭고기가 익으면 물을 넣고 끓입니다. 물이 끓은 후에 쌀을 넣고 끓입니다. ㉢ 소금을 조금 넣습니다. 10분쯤 후에 작게 썬 당근과 양파를 넣고 끓이면 죽이 됩니다. ㉣ 그릇에 예쁘게 담습니다.

1 '닭죽'을 만드는 데 필요한 요리 방법은 뭐예요? 모두 고르세요.

① 끓이다 　　　② 찌다 　　　③ 튀기다 　　　④ 볶다

2 위의 ㉠~㉣에 들어갈 말로 맞지 <u>않는</u> 것을 고르세요.

① ㉠ : 먼저 　　② ㉡ : 이때 　　③ ㉢ : 그 전에 　　④ ㉣ : 마지막으로

3 위의 글 순서대로 그림을 찾아 이어보세요.

(㉯) → (　　) → (　　) → (　　) → (　　) → (　　)

㉮	㉯	㉰	㉱	㉲	㉳

2. 여러분은 어떤 음식을 만들 줄 알아요? 여러분이 만들 줄 아는 음식의 요리법을 소개해 주세요.

1 요리의 이름과 재료를 쓰세요.

> **오늘의 요리:**
>
> 재료 :

2 다음 단어들 중에서 필요한 단어를 사용하여 요리 방법을 쓰세요.

썰다　볶다　굽다　끓이다
자르다
찌다　튀기다　삶다

먼저　이때
-(으)ㄴ 후에　-기 전에
마지막으로

MEMO

13 이 치마를 입어 봐도 돼요?

- 여러분은 주로 어디에서 쇼핑을 해요?

- 여러분 나라에서 쇼핑하러 어디에 많이 가요?

13-01

첸 첸	이 빨간 가방 어때요?
유 나	예뻐요.
첸 첸	이거 어떻게 사요?
유 나	먼저, 그 사이트에 회원 가입을 하세요.
첸 첸	외국인도 가입이 되나요?
유 나	네. 외국인등록번호, 주소, 전화번호를 입력하면 돼요.
첸 첸	가입한 다음에는 어떻게 해요?
유 나	계좌 이체하거나 신용카드로 결제하면 돼요.

회원 가입,   계좌 이체,
신용카드,   결제하다

결제하면 [결쩨하면]

직 원	어서 오세요. 뭘 찾으세요?
누라슬	치마 좀 보여 주세요.
직 원	이쪽으로 오세요. 여기에 치마가 많으니까 마음에 드는 것을 골라 보세요.
누라슬	네. 이 치마를 입어 봐도 돼요?
직 원	그럼요. 허리 사이즈가 어떻게 돼요?
누라슬	26인치예요.
직 원	손님께 잘 맞겠어요. 저쪽 탈의실에서 입어 보세요.

어휘	발음
사이즈, 인치, 탈의실	26인치 [이십늉닌치]

누라슬 그저께 여기에서 치마를 샀는데요. 좀 작아요.

직 원 그래요? 영수증 좀 보여 주세요.

누라슬 여기 있어요.

직 원 그럼, 한 사이즈 큰 것으로 바꿔 드릴게요. 잠시만 기다려 주세요.

　　　　잠시 후

직 원 손님, 죄송하지만 이 사이즈는 하얀색이 없네요.

누라슬 그럼, 무슨 색이 있어요?

직 원 까만색이 있어요. 손님한테는 까만색도 잘 어울리겠어요.

누라슬 그래요? 까만색으로 주세요.

어휘	발음
영수증,　하얀색,　까만색	없네요 [엄네요] 바꿔 드릴게요 [바꿔 드릴께요]

치수 관련 표현

신발 사이즈

	여자	남자
한국	250mm	300mm
중국	40	40
미국	7	8

옷 사이즈

	상의	하의
한국	95	28(인치)
중국	88–90	28(인치)
미국	8~10(M)	28(인치)

* 44/55/66/77 – 자켓, 정장, 원피스

문 법

1 'ㅎ' 불규칙

> 이 빨간 가방 **어때요**?
>
> 베이징은 날씨가 **어떻습니까**?
>
> 라이언은 눈이 **파래요**.

1. 다음 표를 완성해 보세요.

	-아요/-어요	-ㄴ/은	-고	-ㅂ니다/습니다
까맣다	까매요	까만	까맣고	까맣습니다
하얗다				
빨갛다				
파랗다				
그렇다				
어떻다				

2. [보기]와 같이 빈칸에 알맞은 말을 써 보세요.

보기 와, 저 가방이 정말 예쁘네요. 저도 [빨간] 가방을 사고 싶어요. (빨갛다)

❶ [　　　　　] (으)ㄴ 영화를 좋아하세요? (어떻다)

❷ 여러분, 가방을 책상 위에 [　　　　　] (으)세요. (놓다)

❸ 저는 산보다 바다가 더 [　　　　　] (으)니까 바다에 갈 거예요. (좋다)

❹ 가: 갑자기 일이 생겨서 같이 영화 보러 못 갈 것 같아요.

나: [　　　　　] 아/어요? (그렇다)

그럼 다음에 같이 가기로 해요.

3. [보기]와 같이 아래 단어를 사용해서 시를 지어 보세요.

> 하얗다　　빨갛다　　까맣다　　파랗다　　노랗다

보기

하얀 구름이 고운 얼굴 닦아주면

파란 하늘은 부스스 일어나 빨간색 부끄러운 미소를 지어요.

노란 별이 조용조용 자장가를 불러주면

파란 하늘은 까만색 이불을 덮고 스르르 잠이 들어요.

2 A/V-겠-

> 손님께 잘 **맞겠어요.**
>
> 주말이어서 길이 **막히겠어요.**
>
> 라이언 씨는 키가 커서 농구를 **잘 하겠어요.**

1. [보기]와 같이 그림을 보고 문장을 완성하세요.

보기

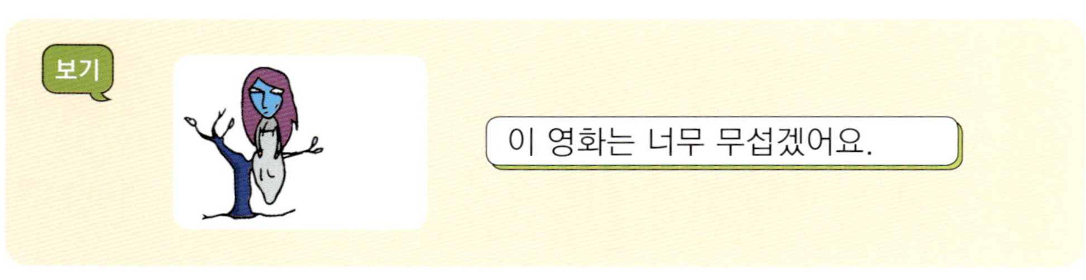

2. [보기]와 같이 다음 대화에 알맞은 말을 쓰세요.

잘생겼다   속상하다   재미있다   좋아하다   배 고프다

보기

가: 어제 저녁부터 아무 것도 못 먹었어요.

나: 배 고프겠어요. 이 빵 좀 드세요.

❶ 가: 어제 산 휴대폰을 잃어버렸어요.

나: 정말요?

❷ 가: 이 옷 준코 씨 생일 선물로 주려고 샀는데 어때요?

나: 예쁘네요. 준코 씨가

❸ 가: 라이언 씨 형은 라이언 씨하고 닮았어요?

나: 네. 형하고 저하고 많이 닮았어요.

가: 그럼 형도 ⬚ .

❹ 가: 어제 친구들하고 에버랜드에 갔어요.

나: ⬚ . 저도 가고 싶었는데…

3. 다음은 한국의 전통 옷 한복입니다. 한복에 대한 느낌을 말해 보세요. 그리고 다른 나라의 전통 의상을 보고 그 옷의 느낌도 이야기해 보세요.

보기 색깔이 예뻐서 저한테 어울리겠어요.

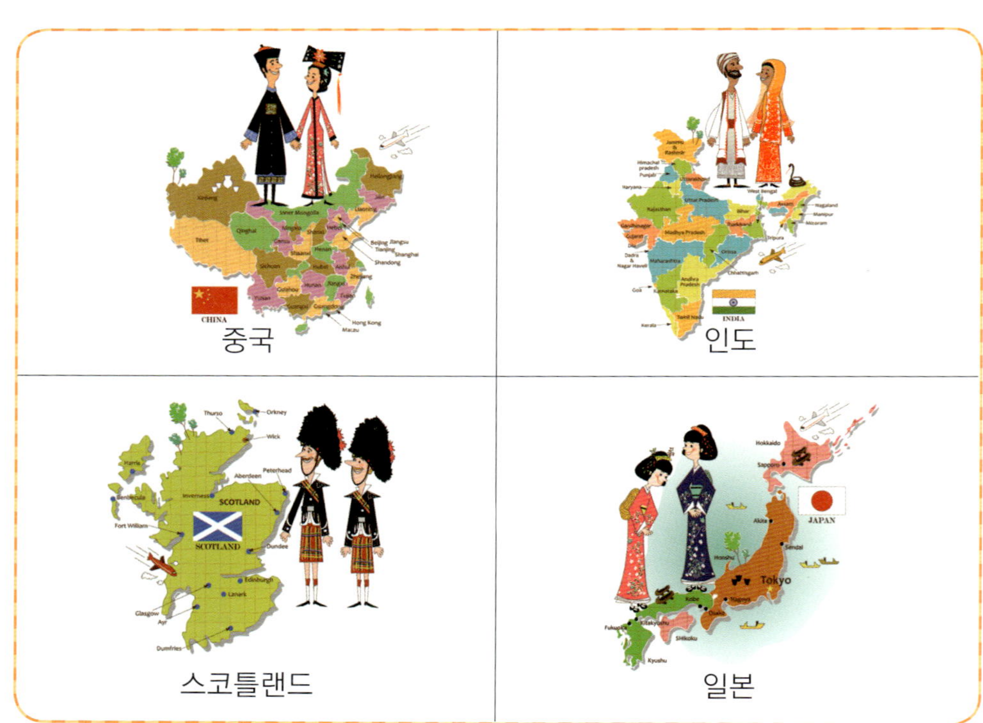

3 V-나요?/A-ㄴ가요?/은가요?

> 외국인도 가입이 **되나요**?
>
> 어느 것이 더 **예쁜가요**?
>
> 지금 몇 **시인가요**?

1. [보기]와 같이 문장을 바꿔 보세요.

보기 설악산이 아름다워요? ➡ 설악산이 아름다운가요?

❶ 학교에 몇 시까지 와야 해요? ➡ [   ] ?

❷ 그 사람 키는 커요? ➡ [   ] ?

❸ 요즘 무슨 노래가 유행이에요? ➡ [   ] ?

❹ 이 옷이 비싸요? ➡ [   ] ?

2. [보기]와 같이 대화를 완성해 보세요.

보기 가: 도착 예정 시간이 몇 시인가요?
나: 도착 예정 시간은 오후 2시 30분입니다.

❶ 가: [   ] ?

나: 그 지방은 온천이 유명해요.

❷ 가: [   ] ?

나: 아니요. 음식을 가지고 들어가면 안 돼요.

❸ 가: 미안해요. 내일 모임에 갈 수 없을 것 같아요.

나: 왜요? 무슨 일이 　　　　　　　　　　　　?

❹ 가: 이번 토요일에 같이 스키장에 갑시다. 눈도 많이 와서 좋을
거예요.

나: 저는 스키가 없는데 　　　　　　　　　　　?

❺ 가: 오늘은 너무 바빠서 시간을 낼 수 없는데요.

나: 그럼 언제쯤 　　　　　　　　　?

3. 친구와 스무고개를 해 보세요. [보기]와 같이 친구들이 무슨 생각을 했는지
질문을 해서 답을 맞춰 보세요.

보기　〈좋아하는 음식이 무엇인가요?〉

가: 한국 음식인가요?
나: 네. 한국 음식이에요.
다: 매운가요?
나: 아니요. 안 매워요.
라: 고기인가요?
나: 네. 고기예요.
마: 정답! 불고기!

1. 좋아하는 동물이 무엇인가요?

2. 좋아하는 한국 가수가 누구인가요?

3. 좋아하는 동물이 무엇인가요?

4. 한국하면 생각나는 단어가 무엇인가요?

1. 다음 대화를 듣고 물음에 답하세요.

13-04

1 들은 내용과 같은 것을 고르세요.

① MP3를 고치는데 2주일쯤 걸립니다.

② 라이언은 대구에서 MP3를 샀습니다.

③ 라이언의 MP3가 지난주에 고장이 났습니다.

④ MP3를 구입 후 1달이 지나면 수리비를 내야 합니다.

2 라이언의 걱정이 <u>아닌</u> 것을 고르세요.

① MP3가 고장 났습니다.

② A/S 센터가 멀리 있습니다.

③ MP3를 인터넷으로 사고 싶습니다.

④ MP3를 고치고 싶은데 방법을 모릅니다.

3 라이언은 통화 후 어떻게 해야 해요?

____

2. 다음 중 하나를 골라 물건을 교환하거나 환불(구입취소)하는 대화를 해 보세요.

장소: 옷 가게 옷 가게에서 어머니 생신 선물을 샀습니다.	장소: 휴대폰 가게 휴대폰 가게에서 휴대폰 구입했습니다.
장소: 안경 가게 안경 가게에서 선글라스를 샀습니다.	?

장소	
교환/환불할 물건	
교환/환불의 이유	

1. 다음 신청서를 읽고 물음에 대답하세요.

교환/반품요청

교환이나 반품을 원하시면, 아래의 내용을 쓰신 후 박스에 택배비와 함께 착불로 보내시면 됩니다. (반드시 한국택배를 이용 바랍니다.) 물건만 보내시면 교환과 환불이 불가능합니다. (교환이나 반품은 7일 이내, 한국택배: 1200-1288)

□ **교환 요청(왕복 택배비 5,000원 : 고객부담)**
　　1. 변경 색상: ＿＿＿＿＿＿＿＿＿＿＿＿＿＿＿＿＿
　　2. 변경 사이즈: ＿＿＿＿＿＿＿＿＿＿＿＿＿＿＿
　　3. 타 상품으로 교환: ＿＿＿＿＿＿＿＿＿＿＿＿＿
　　4. 구매 사이트: ＿＿＿＿＿＿＿＿＿＿＿＿＿＿＿
　　5. 주문자 이름/연락처: ＿＿＿＿＿＿＿＿＿＿＿

□ **반품 요청(택배비 2,500원 : 고객부담)**
　　1. 반품 이유: ＿＿＿＿＿＿＿＿＿＿＿＿＿＿＿
　　2. 구매 사이트: ＿＿＿＿＿＿＿＿＿＿＿＿＿＿
　　3. 주문자 이름/연락처: ＿＿＿＿＿＿＿＿＿＿＿
　　4. 환불 계좌번호: ＿＿＿＿＿＿＿＿＿ 은행: ＿＿＿＿＿＿＿＿＿

* 상담시간: 오전 10시~오후 5시(02-4567-9876), 점심시간: 오후 12시~오후 1시,
　　　　토요일 12시까지 상담, 공휴일 · 일요일 휴무
* 계좌번호: 4567-234-987654(한국은행, 예금주: 강인영)

1 읽은 내용과 <u>다른</u> 것을 고르세요.

① 물건을 구입한 후에 환불을 하고 싶을 때 씁니다.

② 토요일 12시 이후에는 상담전화를 받지 않습니다.

③ 물건을 구입한 후 7일이 지나면 교환할 수 없습니다.

④ 교환을 원할 경우, 왕복택배비를 판매자가 지불합니다.

2 반품이나 교환이 불가능한 경우는 어떤 경우예요?

＿＿＿＿＿＿＿＿＿＿＿＿＿＿＿＿＿＿＿＿＿＿＿

3 교환을 원할 때 무엇을 적어 보내야 해요?

＿＿＿＿＿＿＿＿＿＿＿＿＿＿＿＿＿＿＿＿＿＿＿

2. 여러분도 아래의 물건 중 하나를 골라 반품이나 교환 신청서를 만들어 보세요.

물건	색상	사이즈
구두	하얀색	245mm
티셔츠	노란색	100
바지	까만색	30인치
원피스	빨간색	55

□ 교환 요청(왕복 택배비 5,000원 : 고객부담)

1. 변경 색상: ______________________________

2. 변경 사이즈: ______________________________

3. 타 상품으로 교환: ______________________________

4. 구매 사이트: ______________________________

5. 주문자 이름/연락처: ______________________________

□ 반품 요청(택배비 2,500원 : 고객부담)

1. 반품 이유: ______________________________

2. 구매 사이트: ______________________________

3. 주문자 이름/연락처: ______________________________

4. 환불 계좌번호: ________________   은행: ________

MEMO

14 저는 매일 아침마다 조깅을 해요

● 여러분은 규칙적으로 하는 운동이 있어요?

● 여러분 나라에서는 건강을 위해 무엇을 많이 해요?

라이언	준코, 좀 어때요?
준 코	이제 괜찮아요. 여기까지 와 줘서 고마워요.
라이언	그런데 어디가 아팠어요?
준 코	식중독이었어요. 상한 음식을 먹어서 그런 것 같아요.
라이언	음식을 먹기 전에 유통 기한을 꼭 확인하세요.
준 코	네. 알겠어요.
라이언	빨리 나으세요. 준코.

어휘

식중독, 상하다, 유통 기한, 낫다

발음

먹기 전에 [먹끼 저네]

지 훈	왕웨이가 요즘 기분이 안 좋아 보이는데 무슨 일이 있어요?
첸 첸	부모님을 많이 보고 싶은 것 같아요.
지 훈	혹시 향수병에 걸린 거 아니에요?
첸 첸	제 생각에는 그래요. 왕웨이를 도와줄 방법이 없을까요?
지 훈	그럼 기분 전환하러 인천 차이나타운에 다녀올까요?
첸 첸	아, 그거 좋은 생각이네요. 지금으로는 그것밖에 방법이 없겠네요.

어휘	발음
혹시, 향수병에 걸리다, 기분 전환하다, 인천, 차이나타운	없겠네요 [업껜네요]

라이언	준코, 이제 좀 괜찮아요?
준 코	네. 이제 다 나았어요.
라이언	얼굴이 많이 좋아 보이네요. 평소에 건강 관리 좀 하세요.
준 코	이제부터 그렇게 하려고요. 라이언은 특별한 건강 관리법이 있어요?
라이언	그럼요. 저는 아침마다 조깅을 해요. 규칙적인 생활을 하는 것이 중요해요.
준 코	우와, 정말 부지런하네요.

어휘	발음
보이다, 관리, 조깅을 하다	관리법 [괄리뻡] 규칙적인 [규칙쩌긴]

병원

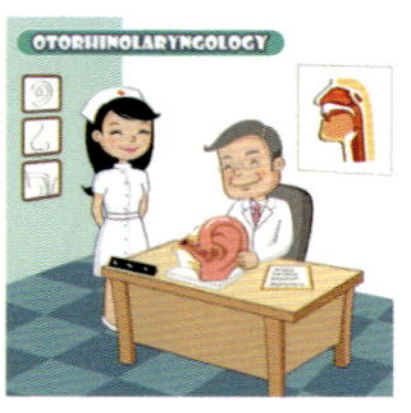

내과
식중독에 걸리다, 소화가 안 되다,
감기에 걸리다

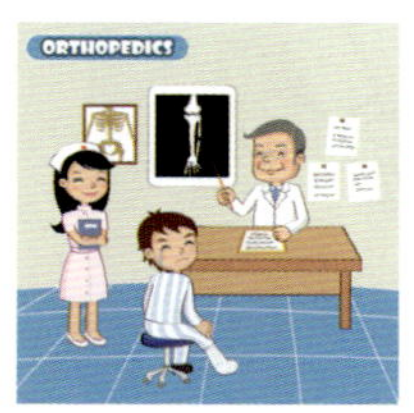

정형외과
팔/다리가 부러지다,
삐다, 깁스를 하다

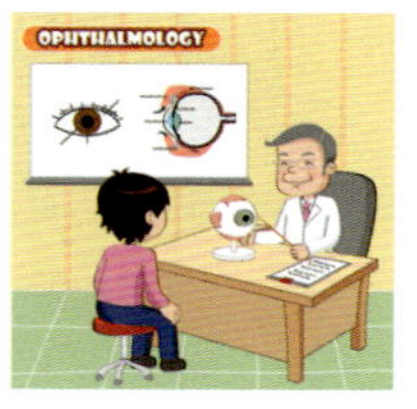

안과
시력이 나빠지다, 눈병이 나다,
시력검사를 하다

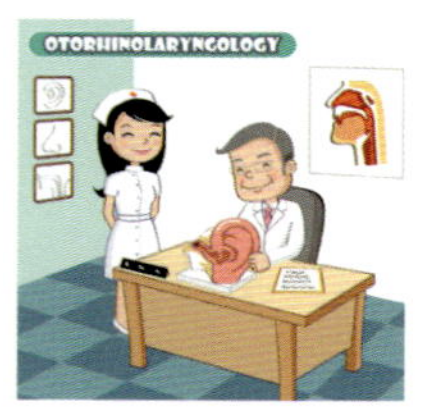

이비인후과
코가 막히다, 목이 붓다,
귀가 아프다

피부과
여드름이 나다,
피부병에 걸리다

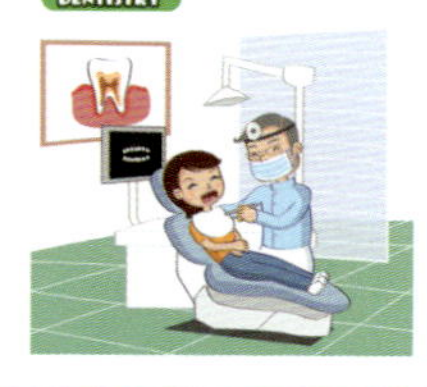

치과
이가 썩다, 스케일링하다,
교정하다

1 'ㅅ' 불규칙

> 빨리 **나으세요**.
>
> 약을 먹었는데 감기가 **낫지** 않아요.
>
> 결혼하면 예쁜 집을 **지어서** 살고 싶어요.

1. 다음 표를 완성해 보세요.

	-아요/-어요	-아서/어서	-면/으면	-고
낫다	나아요	나아서	나으면	낫고
짓다				
붓다				
젓다				
잇다				
긋다				

2. [보기]처럼 빈칸에 알맞은 말을 써 보세요.

보기 준코 씨, 빨리 나으세요. (낫다)

❶ 커피에 설탕을 넣고 잘 [　　　　]아/어서 드세요. (젓다)

❷ 다음 달에 새로 [　　　　](으)ㄴ 집으로 이사 갈 거예요. (짓다)

❸ 너무 많이 자서 얼굴이 [　　　　]았/었어요. (붓다)

❹ 틀린 부분에 밑줄을 [　　　　](으)세요. (긋다)

2 A-아 보이다/어 보이다/해 보이다

> 왕웨이가 요즘 기분이 안 **좋아 보이는데** 무슨 일이 있어요?
>
> 오늘 **예뻐 보이는데요**.
>
> **아파 보이는데** 오늘은 일찍 가서 쉬세요.

1. [보기]와 같이 그림을 보고 문장을 만들어 보세요.

① __________________________________ .

② __________________________________ .

③ __________________________________ .

④ __________________________________ .

2. [보기]와 같이 알맞은 말을 써 보세요.

> 재미있다　피곤하다　기분이 나쁘다　맛있다　어리다

❶ 가: 누라슬, [＿＿＿＿＿＿＿＿]는데 무슨 일 있어요?

　 나: 지갑을 잃어버렸어요.

❷ 가: 우리 무슨 영화 볼까요?

　 나: 저 영화가 [＿＿＿＿＿＿＿＿]는데 저거 볼까요?

❸ 가: 언니가 몇 살이에요?

　 나: 올해 28살이에요.

　 가: 정말요? 아직 대학생 같아요. 언니가 [＿＿＿＿＿＿＿＿].

❹ 가: 뭐 먹을까요?

　 나: [＿＿＿＿＿＿＿]는 음식이 많네요.

　　 진영 씨가 먹고 싶은 걸로 주문하세요.

3. 친구가 어때 보이는지 이야기해 보세요.

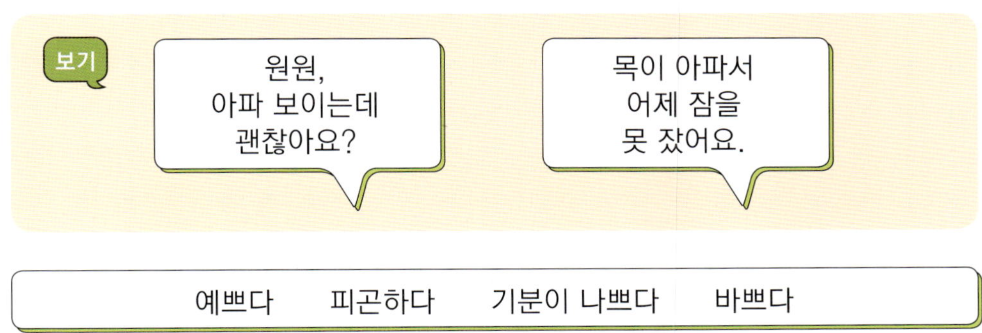

> 예쁘다　피곤하다　기분이 나쁘다　바쁘다

3 N밖에

지금으로는 **그것밖에** 방법이 없겠네요.
그 사람은 **한 번밖에** 안 만났어요.
시간이 **조금밖에** 안 남았어요.

1. [보기]와 같이 문장을 완성해 보세요.

보기 교실에 학생이 [2명밖에] 없어요.

❶ 첸첸은 [   ] 안 만나요.

❷ 오스카는 매일 [   ] 안 먹어요.

❸ 누라슬은 [   ] 안 입어요.

❹ 저는 지금 [   ] 없어요.

2. [보기]와 같이 대화를 완성해 보세요.

보기 [옷가게에서]

가: 큰 사이즈는 없어요?

나: 네. [작은 것밖에 없어요]

❶ [가방가게에서]

가: 다른 색은 없어요?

나: [   ]

❷ [친구에게]

가: 돈 10,000원만 빌려 주세요.

나: 미안해요. ________________

❸ [식당에서]

가: 왜 밥을 ________________

나: 배가 별로 안 고파서요.

❹ [여자/남자 친구에게]

가: 나한테는 ________________

3. [보기]처럼 이야기해 보세요.

> 보기
>
> 사과가 너무 싸요. 세 개에 천 원 │밖에 안 해요.│
>
> 배는 너무 비싸요. 한 개에 삼천 원 │이나 해요.│

사과 3개에
2천 원

우유 1팩에
천 원

바나나 100g에
300원

배 1개에
3천 원

라면 5개에
3천 원

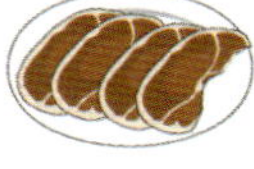

돼지 불고기 100g에
1,500원

샴푸 2통에
9천 원

과자 3봉지에
4천 원

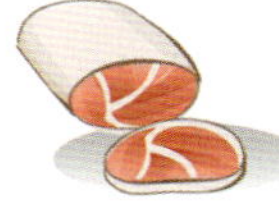

한우 불고기 100g에
4,800원

1. 다음 대화를 듣고 물음에 답하세요.

14-04

1 들은 내용과 같은 것을 고르세요.

① 왕웨이는 고향에 갔어요.

② 첸첸은 차이나타운에 가 본 적이 있어요.

③ 지훈은 차이나타운에서 유명한 식당을 알아요.

④ 자장면은 차이나타운에서만 먹을 수 없어요.

2 세 명이 간 식당이 특별한 이유는 무엇이에요?

____

3 들은 내용과 다른 것을 찾아 고쳐 보세요.

> ㉠ 왕웨이가 향수병 때문에 힘들어서 지훈과 왕웨이 그리고 첸첸은 함께 인천 차이나타운에 갔습니다. ㉡ 지훈이 차이나타운을 잘 알아서 세 명은 유명한 식당에 갔습니다. ㉢ 그 식당의 자장면은 중국 사람이 만들어서 아주 맛있었습니다.

2. 여러분이 알고 있는 특별한 것에 대해 친구들과 이야기하세요.

보기

제가 얼마 전에 강원도 횡성에 다녀왔어요. 그런데 거기에는 한우 떡갈비 스테이크라는 음식이 있었어요. 햄버거 스테이크와 비슷한데 기름이 적고 맛있었어요. 횡성 한우로 만들어서 더 맛있는 것 같았어요. 다른 곳에서는 안 팔고 횡성에서만 먹을 수 있어요. 강원도 횡성에 가면 한번 먹어 보세요.

1. 다음 글을 읽고 물음에 답하세요.

비만의 원인에는 여러 가지가 있는데 그 중 가장 큰 원인은 유전이며 다른 원인으로는 과식, 불규칙한 식사, 운동 부족 등이 있습니다.

첫째, 유전의 경우, 부모가 모두 비만이면 그 자녀가 살이 찔 가능성은 70% 정도이고, 부모 중 한 사람이 비만일 경우는 40% 정도입니다. 둘째, 소비 에너지보다 섭취 에너지가 많으면 살이 찝니다. 셋째, 규칙적으로 식사를 하지 않으면 살이 찝니다. 불규칙적으로 식사를 하면 우리 몸은 한번 음식이 들어왔을 때 그 음식을 모두 저장합니다. 넷째, 먹기만 하고 운동을 안 하면 근육이 지방으로 바뀝니다.

비만의 원인 중 유전이 가장 큰 원인이지만 생활 습관을 바꾸면 비만을 예방할 수 있습니다.

1 위 글의 내용과 <u>다른</u> 것을 고르세요.

① 비만의 가장 큰 원인은 유전입니다.

② 불규칙적인 식사를 하면 살이 찝니다.

③ 소비 에너지가 섭취 에너지보다 많으면 살이 찝니다.

④ 부모가 모두 비만이면 자녀의 70%도 비만이 됩니다.

2 규칙적인 식사를 하지 않으면 살이 찌는 이유는 무엇이에요?

____

3 비만이 되지 않기 위해서 할 수 있는 일에는 무엇이 있습니까?

____

2. 여러분은 건강을 위해서 무엇을 합니까? 여러분밖에 모르는 특별한 방법을 [보기]와 같이 써 보세요.

보기
건강을 위해 하는 것: 아침에 조깅하기, 계단 이용하기!!

저는 매일 아침 6시에 일어나서 30분정도 조깅을 합니다. 아침에 조깅을 하고 샤워를 하면 기분도 좋고 밥맛도 납니다. 조깅을 못 할 때에는 엘리베이터를 이용하지 않고 계단을 이용합니다. 처음에는 많이 힘들었지만 지금은 습관이 되어서 괜찮습니다.

건강을 위해 하는 것:

MEMO

15 주변이 조용한 원룸이면 좋겠어요

생각해 봅시다

- 여러분은 지금 어디에 살아요?

- 여러분 나라에서는 언제 이사를 가장 많이 해요?

아저씨	어서 오세요.
첸 첸	방을 좀 구하려고 하는데요.
아저씨	어떤 걸 찾으세요?
첸 첸	주변이 조용한 원룸이면 좋겠어요.
아저씨	마침 여기 괜찮은 집이 있군요.
첸 첸	그래요? 월세는 얼마예요?
아저씨	보증금 500만원에 월 30만원이에요. 이 정도면 괜찮지요?
첸 첸	네. 괜찮네요. 한번 볼 수 있을까요?

어휘	발음
구하다, 주변, 원룸, 월세, 보증금, 정도	원룸 [원눔] 있군요 [읻꾼뇨]

15-02

아주머니	여보세요.
첸 첸	저, 광고 내셨지요? 신문 보고 전화 드렸는데요. 방 아직 있어요?
아주머니	네. 아직 있어요.
첸 첸	관리비는 얼마예요?
아주머니	5만원이에요.
첸 첸	언제부터 이사할 수 있어요?
아주머니	방은 비어 있으니까 언제든지 가능해요.
첸 첸	네. 알겠습니다. 그럼, 내일 한번 보러 갈게요.

어휘

광고, 내다, 관리비, 비다,
언제든지

발음

관리비 [괄리비]
각자 [각짜]

아저씨	이삿짐 센터에서 왔는데 오늘 이사하시지요?
첸 첸	네. 침대 먼저 옮겨 주시겠어요?
아저씨	네. 알겠습니다.
지 훈	참! 아저씨, 컴퓨터는 조심해 주세요.

:

아저씨	짐을 다 실었으니 이제 출발합시다.
첸 첸	지훈 씨, 아저씨하고 먼저 가 주세요. 저는 여기 정리 좀 하고 갈게요.
지 훈	네. 참! 열쇠 주세요.
첸 첸	문은 열려 있어요.
지 훈	알겠어요. 그럼 나중에 봐요.

어휘

이삿짐 센터, 옮기다,
조심하다, 짐, 싣다, 정리,
나중에

발음

이삿짐 [이산찜]
옮기다 [옴기다]

집

월세
전세
기숙사
원룸, 투룸
아파트
단독주택, 빌라
집을 구하다
방을 빼다
입사하다
퇴사하다
집
하숙
자취
보증금
관리비
계약금
선금

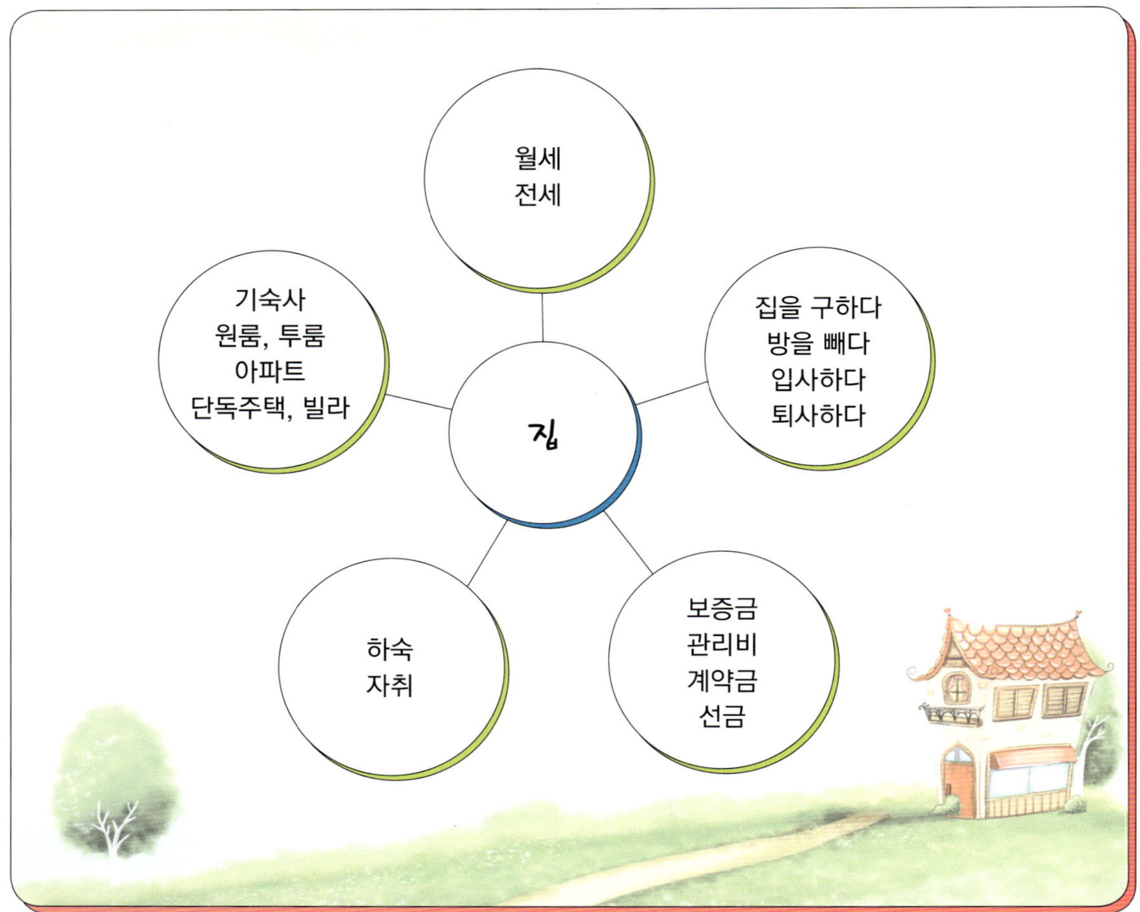

1   A/V−지요?

> 이 정도면 **괜찮지요**?
>
> 외국 사람들이 매운 음식을 **잘 못 먹지요**?
>
> 준코 씨, 요즘 열심히 **공부하지요**?

1. [보기]와 같이 그림을 보고 질문해 보세요.

가: 물가가 많이 올랐지요?

나: 네. 물가가 많이 올라서 힘들어요.

❶ 

가: [   ] ?

나: 네. 많이 추워요. 옷을 따뜻하게 입고
　　나가세요.

❷ 

가: [   ] ?

나: 네. 재미있어요.

❸ 

가: [   ] ?

나: 아니요. 괜찮아요.

❹ 

가: [   ] ?

나: 아니요. 못 갈 것 같아요.

2. [보기]와 같이 친구의 이미지에 대해 이야기해 보세요.

예쁘다   ○○을 잘하다   부지런하다
컴퓨터 게임하다   착하다

[보기]

준코 씨는 밥을 많이 먹지요?
동건 씨는 여자 친구가 많지요?

선생님   친구   친구

2 V-아 있다/어 있다

방은 **비어 있으니까** 언제든지 가능해요.

하늘에 구름이 **떠 있어요**.

교실에 불이 **꺼져 있어요**.

1. [보기]와 같이 그림을 보고 문장을 완성하세요.

[보기]

옷이 옷걸이에 걸려 있어요.

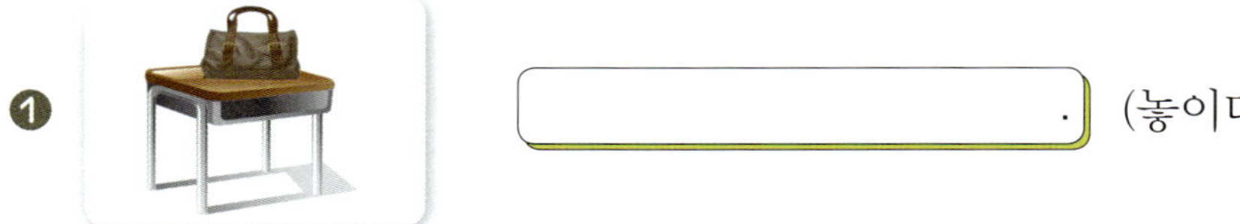

❶   . (놓이다)

❷   . (열리다)

❸ 가: 지훈 씨가 앉아 있어요?

　 나: 아니요.   . (서다)

❹ 가: 왜 교실에 안 들어가요?

　 나: . (잠기다)

2. 외출하고 돌아오니 내 방에 누군가가 왔다 간 것 같아요. 외출하기 전과
　 어떻게 달라요? 기숙사 사감에게 이 사실을 이야기해 보세요.

집을 나갈 때는 옷장 문을 닫고 나갔는데 옷장 문이 열려 있었어요.

3

V-는군요
A-군요
N-군요/이군요

> 마침 여기 괜찮은 집이 **있군요.**
> 한국말을 아주 **잘하시는군요.**
> 저 분이 **교수님이시군요.**

1. [보기]와 같이 대화를 완성해 보세요.

> **보기**
> 가: 미국으로 유학을 가려고 학원에 다니고 있어요.
> 나: 유학 준비 때문에 [학원에 다니는군요.] (학원에 다니다)

❶ 가: 어제 준석이하고 삼겹살을 먹었는데 준석이가 혼자서
　　3인분이나 먹었어요.

　　나: 준석이가 [　　　　　　　　　　　] . (많이 먹다)

❷ 가: 아침에 오는데 교통사고가 나서 길이 너무 많이 막혔어요.

　　나: 아, 그래서 [　　　　　　　　　　　] . (늦었다)

❸ 가: 왕웨이가 TOPIK 시험에 또 떨어졌어요.

　　나: 정말 [　　　　　　　　　　　] . (큰일이다)
　　왕웨이가 많이 속상하겠어요.

❹ 가: 이 집이 학교 근처에서 제일 맛있는 곳이에요.

　　나: 아, [　　　　　　　　　　　] . (그렇다)

2. 여러분 나라에서 유명한 사람을 소개해 보세요. 친구의 이야기를 듣고 처음 알게 된 사실이나 느낀 점을 이야기해 보세요.

김장훈은 한국의 록가수입니다. 그러나 가수보다는 '기부 천사'로 더 유명합니다. 자신의 수입 대부분을 가난한 이웃을 돕는 데 씁니다. 그리고 사회 문제에도 관심이 많은데 특히 세계에 한국을 알리는 일을 많이 합니다. 일본해로 잘못 표기되어 있는 세계 지도를 동해로 바로 잡기 위해서 미국의 월스트리트 저널에 광고를 싣기도 하였습니다.

- 김장훈이 좋은 일을 많이 하는군요.
- 한국을 알리는 일에도 관심이 많군요.
- 김장훈이 대단하군요.

유명한 사람

유명한 이유

알게 된 사실이나 느낀 점

1. 다음 대화를 듣고 물음에 답하세요.

15-04

1 재범이는 아주머니에게 왜 전화했어요?

____

2 다음 중 <u>틀린</u> 것을 고르세요.

① 3일 전부터 물이 안 나와요.

② 아주머니는 오후에 고치러 가려고 해요.

③ 재범이는 오후에 집에 없을 거예요.

④ 살고 있는 집에 고장이 나면 주인이 고쳐 줘요.

3 아주머니는 언제 재범이의 집에 갈 거예요?

____

2. 다음 상황에 맞게 주인에게 이야기해 보세요.

> 아저씨: 여보세요?
> 민　수: 안녕하세요? 207호에 살고 있는 사람인데요.
> 　　　　이틀 전부터 집에 물이 잘 안 나와요.

> 주인 아저씨께서 수도를 고쳐 주기로 했습니다. 언제 아저씨께서 오시면 됩니까? 아저씨와 약속을 정하세요.

> 주인 아저씨께서 고쳐주지 않으려고 합니다. 민수가 직접 고치기를 원합니다.

1. 다음 광고를 읽고 물음에 답하세요.

<table>
<tr><td>분당선 영통역 5분</td><td>경희대에서 걸어서 10분</td></tr>
<tr><td>

경희 고시텔

내 집처럼 편안하게

★ 식사 무료 제공

★ 인터넷, TV, 냉장고

★ 2인 1실

★ 월 30만 원 부터

☎ 031) 201-1234
</td><td>

해피 원룸

내 집처럼 편안하게

★ 면적: 20m²

★ 보증금 600만 원, 월 20만 원

★ 관리비: 3만 원

★ 에어컨, 냉장고, 세탁기 있음

☎ 031) 201-9876
</td></tr>
</table>

1 다음 중 맞으면 O, 틀리면 X 하세요.

1) 경희 고시텔은 지하철역에서 멉니다. ( )

2) 경희 고시텔은 식사가 공짜입니다. ( )

3) 경희 고시텔은 모두 30만 원입니다. ( )

4) 해피 원룸에서 살면 한 달에 23만 원을 내야 합니다. ( )

2 경희 고시텔과 해피 원룸에 공통적으로 준비되어 있는 가전제품은 무엇입니까?

____

3 여러분이라면 어디를 선택하겠습니까? 왜 그렇게 생각합니까?

____

2. 다음 상황에 맞는 광고를 만들어 보세요.

1 여러분은 집 주인입니다. 하숙생을 구하고 있습니다.

2 집을 구했는데 방값이 너무 비쌉니다. 그래서 룸메이트를 구하려고 합니다.

MEMO

길 좀 물어볼게요

생각해 봅시다

- 여러분 나라에는 어떤 교통 시설이 있어요?

- 모르는 한국 사람에게 길을 물어 본 적이 있어요?

첸 첸	저기요, 길 좀 물어볼게요.
	강남역에 가려고 하는데 어떻게 가야 돼요?
아저씨	1호선을 타고 가다가 신도림역에서 2호선으로 갈아타세요.
첸 첸	고맙습니다.

:

동 건	첸첸! 여기예요.
첸 첸	아! 동건 씨, 미안해요. 많이 기다렸어요?
동 건	아니요. 저도 조금 전에 왔어요. 그런데 뭐 타고 왔어요?
첸 첸	지하철로 왔어요.
동 건	학교에서는 지하철보다 버스가 더 빨라요. 다음에는 버스를 타세요.

어휘	발음
강남역	강남역 [강남녁]

준 코 차가 점점 많아지는데 어떡하죠?

어, 차가 별로 없는 저 차선으로 가면 안 돼요?

지 훈 저기는 버스전용차로이기 때문에 승용차는 갈 수 없어요.

준 코 버스전용차로요? 그게 뭐예요?

지 훈 버스만 갈 수 있는 차로예요. 길이 많이 막혀서 만든 거예요.

준 코 그렇군요. 주말 같은 때는 버스로 가는 게 훨씬 빠르겠네요.

어휘	발음
점점, 버스전용차로, 승용차	걱정 [걱쩡] 어떻게 하죠? [어떠케하죠]

라이언	주말에 부산에 있는 친구한테 가려고 하는데 버스가 빨라요?
	기차가 빨라요?
왕웨이	기차가 버스보다 빨라요.
라이언	그래요? 그럼 기차를 타고 가는 게 더 좋겠네요.
왕웨이	표를 미리 예매하는 게 좋을 거예요.
	주말에는 표 구하기가 힘들어요.
라이언	아, 그래요? 집에 가다가 수원역에 들러서 살게요.
왕웨이	인터넷으로도 예매할 수 있어요.

어휘	발음
들르다	좋겠네요 [조켄네요]

시내버스

마을버스

일반버스

광역버스

고속버스

공항버스

교통카드

환승입니다. 학생입니다.
카드를 다시 대 주십시오.
카드를 한 장만 대 주십시오.
잔액이 부족합니다.

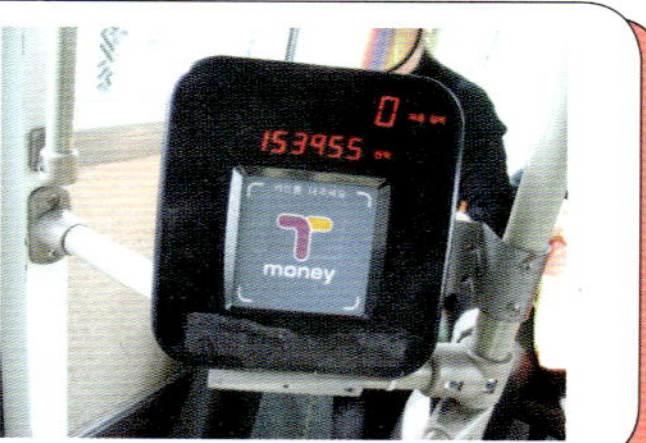

1   '르' 불규칙

학교에서는 지하철보다 버스가 더 **빨라요**.

룸메이트하고 생활 습관이 **달라서** 힘들어요.

진영이는 노래를 **부르고** 저는 피아노를 쳤어요.

1. 다음 표를 완성해 보세요.

	-아요/-어요	-아서/어서	-ㄴ/은/는	-고
다르다	달라요			다르고
빠르다		빨라서		
고르다				
모르다			모르는	
부르다				
서두르다				

2. [보기]처럼 알맞은 단어를 골라서 문장을 만들어 보세요.

> 부르다   빠르다   고르다   다르다   모르다

보기   노래를 잘 [불러서] 상을 받았어요.

❶   마음에 드는 옷을 [　　　　　] 보세요.

❷   버스보다 택시가 더 [　　　　　].

❸   스페인어는 할 줄 [　　　　　] 한국어는 할 줄 알아요.

❹   한국의 한자와 중국의 한자는 [　　　　　].

2 V-다가

1호선을 타고 **가다가** 신도림역에서 2호선으로 갈아타세요.

숙제를 **하다가** 잠이 들었어요.

기숙사에서 **살다가** 원룸으로 이사했어요.

1. [보기]와 같이 질문에 대답해 보세요.

보기

가: 발을 왜 다쳤어요? (축구하다)

나: 축구를 하다가 넘어졌어요.

❶ 가: 휴대폰이 왜 고장 났어요? (전화를 하다, 떨어뜨리다)

나: ＿＿＿＿＿＿＿＿＿＿＿＿＿＿＿.

❷ 가: 여자 친구를 어떻게 만났어요? (아르바이트하다)

나: ＿＿＿＿＿＿＿＿＿＿＿＿＿＿＿.

❸ 가: 이 근처에 서점이 있어요? (이쪽으로 가다, 좌회전하다)

나: ＿＿＿＿＿＿＿＿＿＿＿＿＿＿＿.

❹ 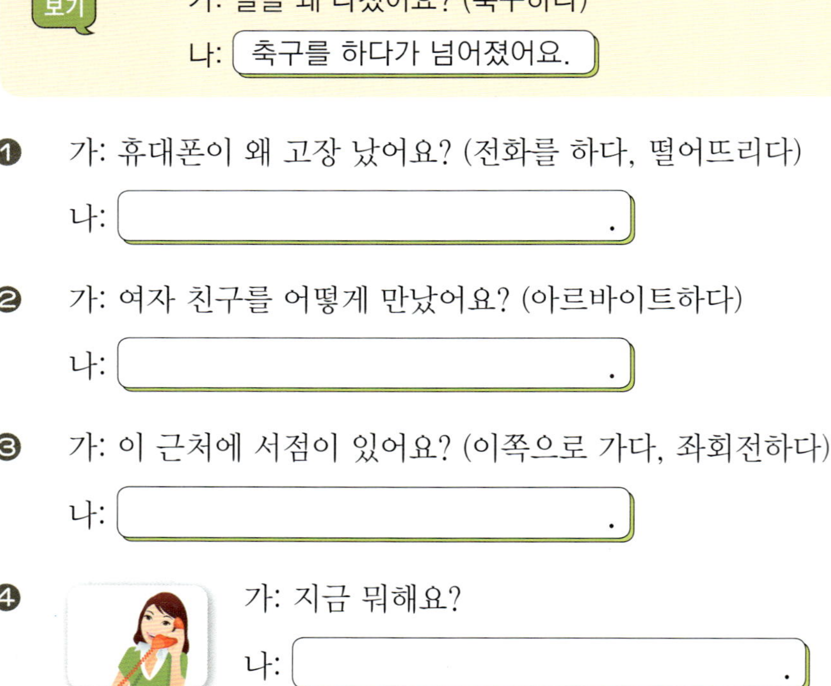

가: 지금 뭐해요?

나: ＿＿＿＿＿＿＿＿＿＿＿＿＿＿＿＿.

2. 고향에서 부모님이 오시면 구경을 갈 거예요. 어떻게 가야 해요? 친구에게 길을 물어 보세요.

> 학교에서 출발해요.

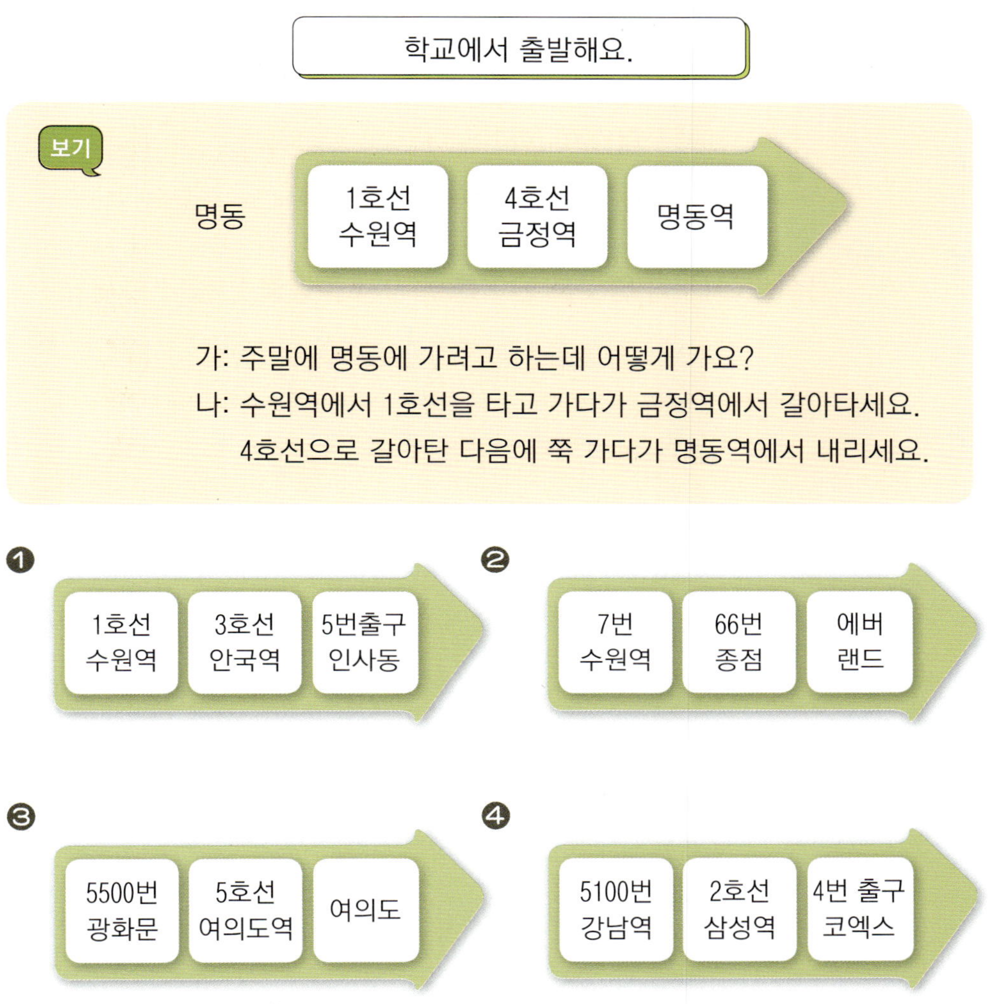

3 A −아지다/어지다/해지다

> 차가 점점 **많아지는데** 어떡하죠?
>
> 물을 많이 마시면 **건강해져요**.
>
> 날씨가 **더워지니까** 바다에 가고 싶어요.

1. [보기]처럼 알맞은 단어를 골라서 문장을 만들어 보세요.

> 깨끗하다   흐리다   많다   덥다   어둡다

보기
가 : 어머, 청소했어요? 방이 깨끗해요.
나 : 방이 [깨끗해지니까] 기분이 좋아요.

❶ 가: 오늘 오후에 우산이 필요할까요?

　　나: 네. 점점 [　　　　　　] 오후에 비가 올 거예요.

❷ 가: 가로등을 몇 시에 켜요?

　　나: [　　　　　　] 켜요.

❸ 가: 이 식당 음식은 맛있지만 서비스는 별로 안 좋아요.

　　나: 맞아요. 사람이 [　　　　　　] 서비스가 안 좋아졌어요.

❹ 가: 많이 [　　　　　　].

　　나: 네. 이제 정말 여름이에요.

2. 작년, 지난 학기, 1달 전과 달라진 것은 뭐예요? 내년엔 뭐가 달라질까
요? [보기]와 같이 이야기해 보세요.

> 많다　적다　크다　작다　싸다　비싸다　높다
> 낮다　춥다　덥다　친절하다　깨끗하다

보기　5년 전　작년　지난 학기　내년　5년 후

보기　5년 전에는 여름이 지금처럼 덥지 않았어요. 5년 전보다 더 더워졌어요.

❶ 작년에는 ____________________________.

❷ 지난 학기 ____________________________.

❸ 내년에는 ____________________________.

❹ 5년 후에는 ____________________________.

1. 다음 대화를 듣고 물음에 답하세요.

16-04

1 준코는 왜 경희대학교 서울캠퍼스에 가려고 해요?

____

2 준코는 경희대학교 서울캠퍼스에 어떻게 갈 거예요?

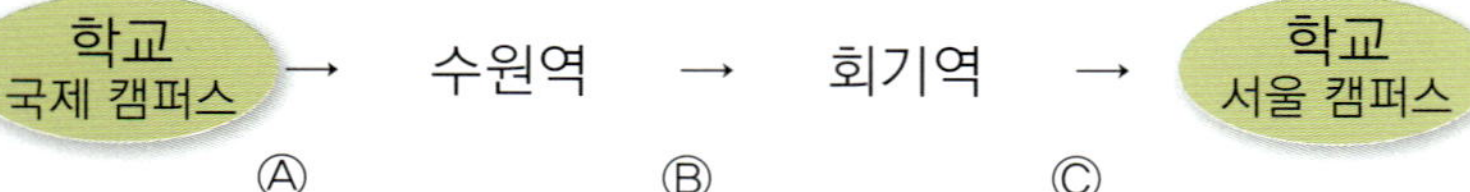

① Ⓐ: 마을 버스　　Ⓑ: 광역 버스　　Ⓒ: 지하철

② Ⓐ: 마을 버스　　Ⓑ: 지하철　　　Ⓒ: 지하철

③ Ⓐ: 시내 버스　　Ⓑ: 광역 버스　　Ⓒ: 마을 버스

④ Ⓐ: 시내 버스　　Ⓑ: 지하철　　　Ⓒ: 마을 버스

3 대화의 내용과 맞는 것을 고르세요.

① 준코는 내일 서울에 가려고 합니다.

② 민수는 경희대학교 서울캠퍼스에 가는 길을 모릅니다.

③ 경희대학교 서울캠퍼스에 버스로 가려면 1번 갈아타야 합니다.

④ 경희대학교 서울캠퍼스에 갈 때 지하철로 가는 것이 더 빠릅니다.

학생증을 잃어버렸어요.

신청한 수업을 바꾸고 싶어요.

도서관에서 빌린 책을 잃어버렸어요.

1. 다음 일기를 읽고 물음에 답하세요.

① 우리는 맛있는 음식을 많이 주문했습니다. 친구와 함께 맛있게 먹으면서 이야기도 많이 했습니다.

② 결국 친구가 대신 계산을 했습니다. 친구에게 많이 미안하고 부끄러웠습니다.

③ 며칠 전, 학생식당에 가다가 고향 친구를 만났습니다. 너무 반가워서 제가 점심을 사기로 했습니다.

④ 그래서 맛있는 음식을 먹으려고 학교 밖으로 나갔습니다. 학교 근처에 있는 제일 유명한 식당에 갔습니다.

⑤ 그런데 계산하려고 보니까 가방 안에 지갑이 없었습니다. 늦잠을 자서 서두르다가 놓고 온 것이 생각났습니다.

1 일기를 순서대로 연결해 주세요.

(　　) → (　　) → (　　) → (　　) → (　　)

2 왕웨이는 친구에게 왜 미안한 생각을 했어요?

____

3 왕웨이는 기분이 어땠어요?

① 즐겁다　　② 창피하다　　③ 행복하다　　④ 슬프다

2. 여러분도 이런 일이 있었어요? 왕웨이의 일기와 같이 여러분의 이야기를 쓰세요.

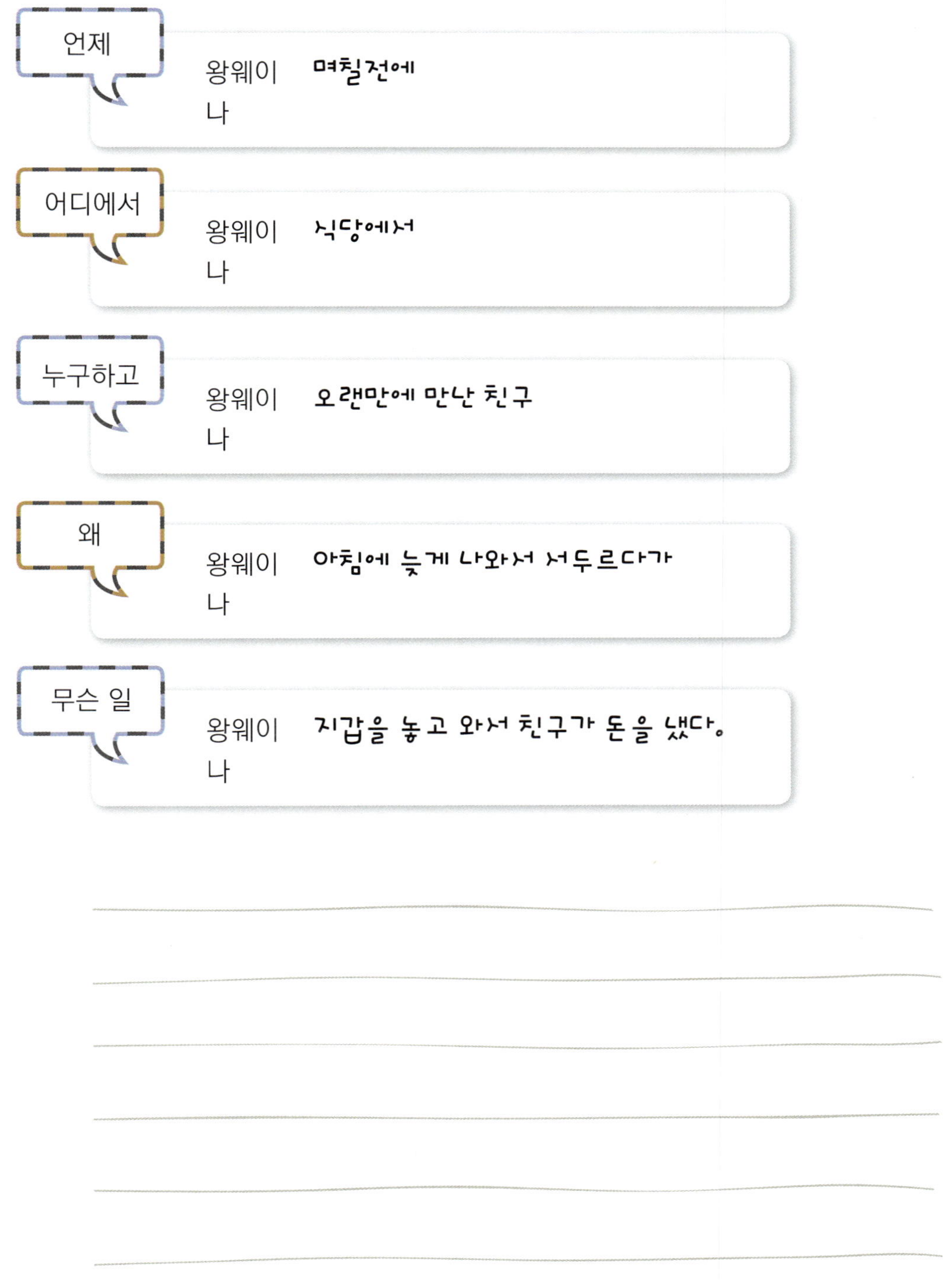
언제
왕웨이   며칠 전에
나

어디에서
왕웨이   식당에서
나

누구하고
왕웨이   오랜만에 만난 친구
나

왜
왕웨이   아침에 늦게 나와서 서두르다가
나

무슨 일
왕웨이   지갑을 놓고 와서 친구가 돈을 냈다.
나

17 제주도에 가려고 해요

- 제주도에서 제일 유명한 것이 뭐예요?

- 친구들과 함께 여행 간 적이 있어요?

지 훈	방학 때 뭐 할 거예요?
왕웨이	제주도에 가려고 해요.
지 훈	그래요? 제 고향이 제주도인데 제가 구경시켜 줄까요?
왕웨이	네. 고마워요.
지 훈	그럼, 언제 올래요?
왕웨이	8월 첫째 주에 갈 계획이에요.
지 훈	그러면 제주도에 도착하자마자 전화 주세요.

어휘	발음
고향,　구경시키다	도착하다 [도차카다]

왕웨이	8월 초쯤 출발하는 제주도행 비행기 표 있어요?
직 원	잠시만요. 성수기여서… 몇 분이 가실 거예요?
왕웨이	저 혼자요.
직 원	이거 제주도 안내책인데요, 제가 표 알아보는 동안 한번 보시겠어요?
	잠시 후
직 원	손님, 8월 5일 오전 10시에 출발하는 비행기 표가 있네요.
왕웨이	네. 좋아요.

어휘	발음
초, 행, 성수기, 안내책, 알아보다	읽고 [읽꼬]

왕웨이   아휴, 오랜만에 등산하니까 힘드네요.
        우리 잠깐 쉴래요?

지 훈   그래요. 이거 좀 드세요.

왕웨이   네. 고마워요. 그런데 내일은 우리 뭐 할 거예요?

지 훈   일출 보러 갈 거예요. 일어나자마자 바로 출발해야 해요.

왕웨이   알았어요. 일출은 정말 아름다울 것 같아요.

어휘	발음
일출	음료수 [음뇨수]

한국의 관광지

〈서울〉
경복궁
〈강원도〉
강릉 경포대
〈인천〉
강화도 마니산
〈경기도〉
수원 화성
〈충청남도〉
외암리 민속마을
〈충청북도〉
단양팔경
〈경상북도〉
경주 불국사
〈전라북도〉
영광 법성포
〈경상남도〉
부산 해운대
〈전라남도〉
담양 대나무숲
〈제주도〉
성산일출봉

1   V-래요?/을래요?
V-래요/을래요

> 그럼, 언제 **올래요**?
>
> 가: 저는 비빔밥을 **먹을래요**.
> 나: 그럼, 저는 불고기를 **먹을래요**.
>
> 가: 내일 저랑 같이 테니스를 **칠래요**?
> 나: 네. 같이 갑시다.

1. [보기]와 같이 대화를 완성해 보세요.

보기
가: 저는 커피를 마실 거예요. 진영 씨는요?
나: 저는 우유를 마실래요.

❶ 가: 저는 빨간 구두를 살 거예요. 왕웨이 씨는요?
     나: [　　　　　　　　　　　　　　　]. (검정 구두)

❷ 가: 저는 소설책을 읽을 거예요. 동건 씨는요?
     나: [　　　　　　　　　　　　　　　]. (만화책)

❸ 가: 저는 도서관에 갈래요. 유나 씨는요?
     나: [　　　　　　　　　　　　　　　]. (집)

❹ 가: 첸첸 씨, 이것 좀 더 드세요.
     나: [　　　　　　　　　　　　　　　]. (그만 먹다)

2. [보기]와 같이 대화를 완성해 보세요.

보기
가: 지금 도서관에 가려고 하는데 같이 갈래요?
나: 좋아요. 같이 가요.

❶ 가: ___________________________________ .

나: 죄송해요. 내일은 시간이 없어요.

❷ 가: ___________________________________ .

나: 네. 좋아요. 저도 한식을 좋아해요.

❸ 가: ___________________________________ .

나: 미안해요. 저는 그 영화를 봤어요.

❹ 가: ___________________________________ .

나: 저는 피곤해서 그냥 쉴래요.

3. 친구와 같이 게임을 해 봅시다.

TIP 친구와 '-(으)ㄹ래요?/-(으)ㄹ래요'를 사용해서 물어 봅니다. 무조건 '네'라고 대답을 해야 합니다. '아니요'라고 대답하면 지게 됩니다.

보기
가: 오늘 저녁에 저랑 저녁 먹을래요?
나: 네. 저녁 먹은 후에 한국어 공부 할래요?
가: 네. 저녁 값은 티나 씨가 낼래요?
나: 아니요. 안 낼래요.
가: 승리!

V-자마자

일어나자마자 바로 출발해야 해요.

이메일을 **받자마자** 답장을 했어요.

휴대폰을 **사자마자** 고장이 났어요.

1. [보기]와 같이 두 문장을 한 문장으로 만들어 보세요.

보기 컴퓨터를 켜다 / 게임을 하다

➡ 컴퓨터를 켜자마자 게임을 해요.

❶ 가: 아침 일찍 일어나다 / 커피를 마시다

나: ______________________________________ .

❷ 가: 점심을 먹다 / 낮잠을 자다

나: ______________________________________ .

❸ 가: 한국에 도착하다 / ______________

나: ______________________________________ .

❹ 가: 수업이 끝나다 / ______________

나: ______________________________________ .

2. [보기]와 같이 대화를 완성해 보세요.

> **보기**
>
> 가: 집에 가면 바로 뭐해요?
>
> 나: 집에 가자마자 TV를 켜요.

❶ 가: 보통 학교에 오면 바로 뭐해요?

　 나: ＿＿＿＿＿＿＿＿＿＿＿＿＿＿＿＿.

❷ 가: 월급을 받으면 바로 뭐 할 거예요?

　 나: ＿＿＿＿＿＿＿＿＿＿＿＿＿＿＿＿.

❸ 가: 졸업하면 바로 뭐 할 거예요?

　 나: ＿＿＿＿＿＿＿＿＿＿＿＿＿＿＿＿.

❹ 가: 중간고사가 끝나면 바로 뭐 할 거예요?

　 나: ＿＿＿＿＿＿＿＿＿＿＿＿＿＿＿＿.

3. 어떻게 하루를 보냈는지 [보기]와 같이 이야기해 보세요.

> **보기**
>
> 가: 저는 아침에 눈을 **뜨자마자** 화장실에 가서 씻었어요.
>
> 나: 그리고 **씻자마자** 화장을 하고 옷을 입었어요.
>
> 다: 화장을 하고 옷을 **입자마자** ......

3   V-는 동안

> 제가 표 **알아보는 동안** 한번 보시겠어요?
>
> 선생님을 **기다리는 동안** 저는 책을 읽고 있겠습니다.
>
> 아버지께서 신문을 **읽으시는 동안** 동생은 잠을 잤어요.

1. [보기]와 같이 한 문장으로 만드세요.

> **보기**   누라슬: TV를 보다   진영: 신문을 보다
>
> ➡ 누라슬이 TV를 보는 동안 진영이는 신문을 봐요.

❶ 동건: 그릇을 씻다   첸첸: 청소를 하다

➡ ____.

❷ 준코: 수업을 듣다   라이언: 복도에서 기다리다

➡ ____.

❸ 민수: 인터넷을 검색하다   소영: 책을 찾다

➡ ____.

❹ 유나: 잠을 자다   진영: 책상을 정리하다

➡ ____.

2. [보기]와 같이 질문에 알맞은 대답을 해 보세요.

> **보기**
>
> 가: 대학에 다니는 동안 무엇을 하고 싶어요?
>
> 나: 대학에 다니는 동안 공부도 하고 친구들도 많이 사귀고 싶어요.

❶ 가: 한국에 사는 동안 무엇을 꼭 할 거예요?

나: ____.

❷ 가: 한국어 공부를 하는 동안 무엇이 힘들었어요?

나: ____.

❸ 가: 남자 친구와 사귀는 동안 같이 어디에 가 봤어요?

나: ____.

❹ 가: 방학 동안 무엇을 하고 싶어요?

나: ____.

3. 오늘 오전 8시에 마이클의 방에 도둑이 들었습니다. 여러분은 오늘 아
   침 8시에 무엇을 하고 있었어요? [보기]와 같이 알리바이를 이야기해 보
   세요.

보기

가: 저는 오늘 아침 8시에 세수를 했어요.

나: 저는 미야가 세수를 하는 동안 밥을 먹었어요.

다: 저는 마크가 밥을 먹는 동안 커피를 마셨어요.

라: 저는 정서가 커피를 마시는 동안 숙제를 했어요.

1. 다음 대화를 듣고 물음에 대답하세요.

17-04

1 들은 내용과 <u>다른</u> 것을 고르세요.

① 첸첸은 제주도 여행 경험이 있습니다.

② 두 사람은 일요일에 여행을 할 겁니다.

③ 누라슬은 얼마 전에 한국 드라마를 봤습니다.

④ 첸첸을 표를 예매하고 누라슬은 여행 일정을 만듭니다.

2 첸첸은 작년에 왜 한라산에 못 갔어요?

____

3 누라슬은 한국 드라마의 어떤 장면을 보고 제주도에 가고 싶었어요?

____

TIP 아래 상품 중 하나를 선택하여 궁금한 점을 물어보세요.

> 여행지　　　여행 날짜/기간　　　여행 비용　　　여행 일정
> 숙박　　　여행지 정보(유명한 음식, 볼거리 등)　　　교통 등

아름다운 제주도 여행
가족과 함께, 연인과 함께

- 5박 6일(매주 화요일 출발)
- 1인 399,000원(어른)
　　299,000원(아이)
- 특급호텔(아침제공)
- 혜택: 수영장과 사우나 무료이용
　　마사지 1회 제공
- 여행자 보험 포함

신비의 섬 울릉도 여행

- 1박 2일 199,000원(어른)
- 매주 일요일 오전 7시 30분 출발
- 울릉도 호텔 1박(아침 제공)
- 사우나, 수영장 무료 이용
- 기간: 8월 말까지

1. 다음 여행지 광고를 읽고 물음에 답하세요.

설악산 여행

아름다운 산 설악산에서 편안하고 건강한 여행을 즐기실 수 있습니다.
출발요일: 매주 월, 수 / 일정: 1박 2일 / 가격 170,000원(교통비 및 숙박비 포함)

몸에 좋은 차도 마시고 드라마 촬영지에도 가자!

아름다운 차밭으로 유명한 보성과 드라마 '겨울 연가'를 촬영한 동화같은 섬 외도
를 동시에 즐길 수 있는 상품입니다.
출발요일: 매주 목, 금 / 일정: 무박 2일 / 가격 72,000원 (KTX 왕복 요금 포함)

낙농 체험

송아지가 태어나고 자라는 과정을 체험할 수 있습니다. 치즈 제조, 젖 짜기, 우유
요리 만들기, 사료주기, 마차타기 등을 통해 목장을 경험할 수 있습니다.
출발요일: 매주 금, 토 / 일정: 무박 2일 / 가격: 29,900원 (여행자보험, 교통비 포함)

1 읽은 내용과 같은 것을 고르세요.

① 낙농체험에서는 말을 탈 수 있습니다.

② 설악산 여행 출발일은 격주로 월, 수요일입니다.

③ 낙농체험과 설악산 여행은 모두 무박 2일 일정입니다.

④ 보성과 외도의 여행비에는 KTX 요금이 포함되어 있습니다.

2 낙농체험을 통해 하는 일이 <u>아닌</u> 것을 고르세요.

① 치즈 만들기   ② 우유 만들기   ③ 소의 젖 짜기   ④ 소 먹이 주기

3 보성과 외도에서 유명한 것은 무엇입니까?

____

2. 여러분은 어디로 여행을 다녀왔어요? 친구들에게 여행지를 추천해 주는 글을 써 보세요.

추천하고 싶은 여행지	
그 곳의 먹거리와 볼거리	
그 곳의 장점	
그 곳의 단점	

18 혹시 강의 평가 했어요?

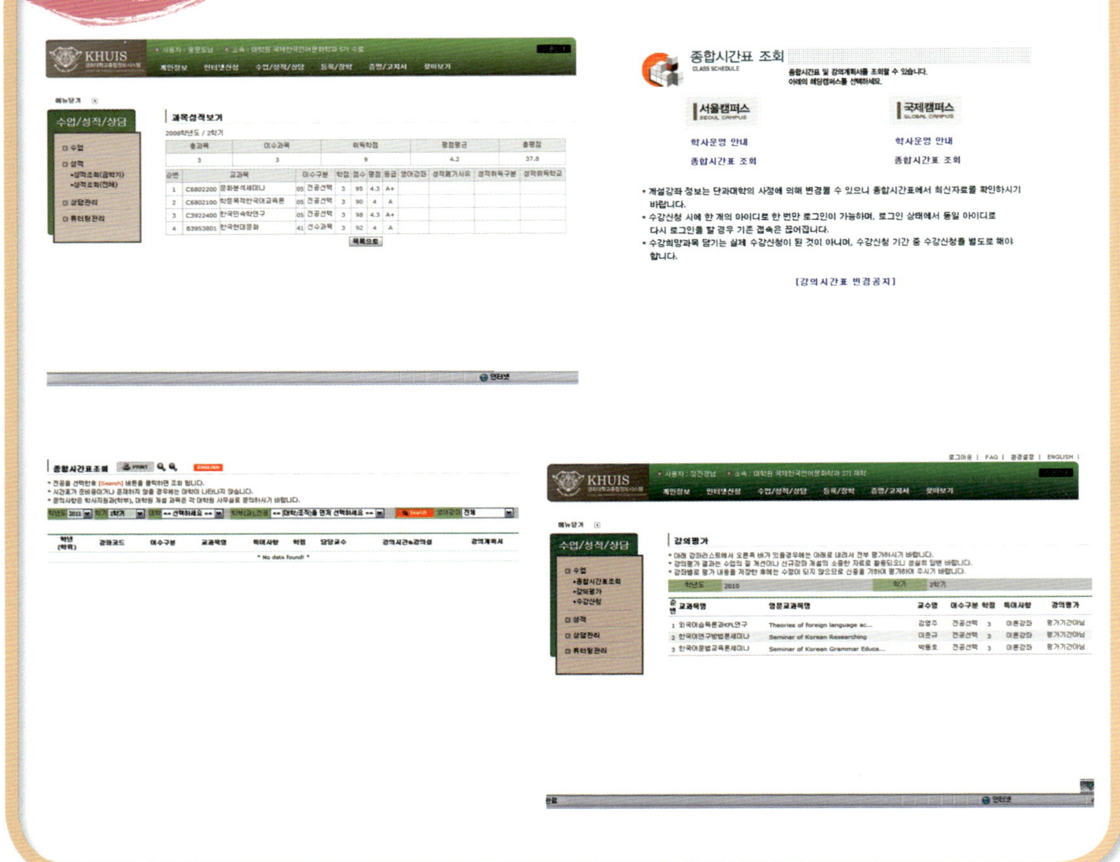

생각해 봅시다

- 지난 학기에 무슨 과목을 들었어요?

- 수강 신청할 때 가장 중요하게 생각하는 것은 뭐예요?

동 건	다음 학기에 '한국 경제의 이해'를 들을 거예요?
준 코	네. 2학년 과목이지만 듣고 싶어요.
동 건	저도 경제에 관심이 많아서 그 수업을 꼭 듣고 싶어요.
준 코	그런데 이번 학기에는 그 과목이 외국인 전용 과목이었어요.
동 건	그래요? 실망이네요.
준 코	걱정하지 마세요. 다음 학기에는 일반 과목이라고 했어요.
동 건	다행이네요. 다음 학기에 꼭 들을래요.

어휘	발음
경제, 관심이 많다, 전용	있다고 [이따고]

18-02

라이언	수강 신청 정정 기간이 언제예요?
왕웨이	다음 주예요. 그런데 왜요?
라이언	누라슬이 '한국 경제의 이해'를 신청했는데 어려워서 '한국 문화의 이해'로 바꾸고 싶다고 했어요.
왕웨이	네. 그런데 이 과목 담당 교수님이 누구세요?
라이언	'이선형' 교수님이라고 했어요
왕웨이	아! 그 교수님 수업이 정말 좋다고 들었어요. 저도 그 과목으로 수강 신청 정정을 하고 싶어요.

어휘	발음
정정 기간, 수강 신청	좋다고 [조타고]

준 코   성적을 확인했어요? 이상하게 저는 확인이 안 돼요.

유 나   혹시 강의 평가를 했어요?

준 코   아니요. 왜요?

유 나   강의 평가를 안 하면 성적을 확인할 수 없어요.

준 코   그래요? 어떻게 알았어요?

유 나   지난주에 조교 선배가 강의 평가를 안 하면 성적 확인이 안 된다고
        했어요. 강의 평가 기간은 오늘까지예요. 빨리 가서 하세요.

어휘	발음
성적, 이상하다, 강의 평가, 기간	확인 [화긴]

교육과정

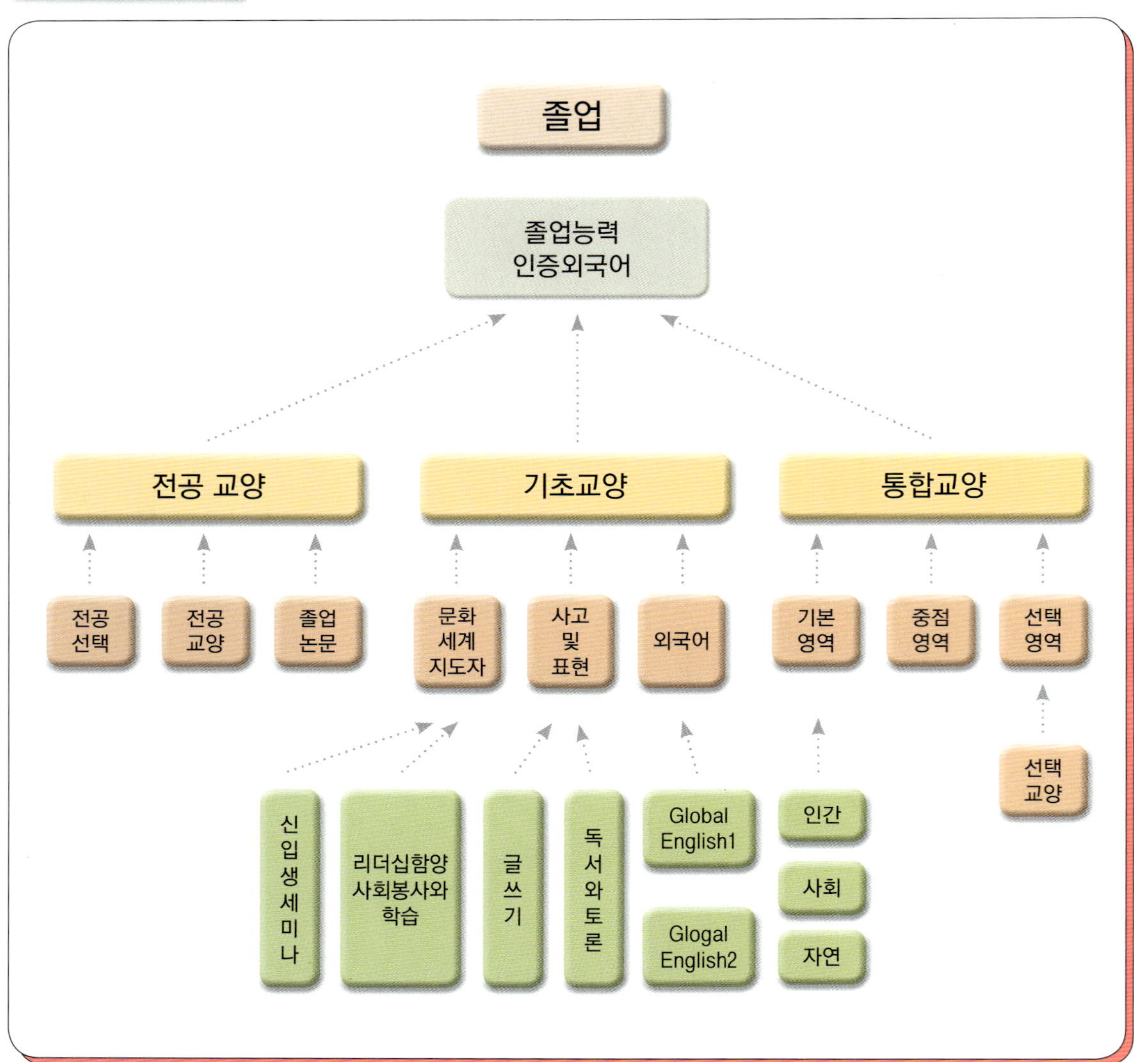
졸업
졸업능력
인증외국어
전공 교양
기초교양
통합교양
전공
선택
전공
교양
졸업
논문
문화
세계
지도자
사고
및
표현
외국어
기본
영역
중점
영역
선택
영역
선택
교양
신입생세미나
리더십함양
사회봉사와
학습
글쓰기
독서와토론
Global
English1
Glogal
English2
인간
사회
자연

1   V-ㄴ다고 하다/는다고 하다
A -다고 하다

> 어려워서 '한국 문화의 이해'로 **바꾸고 싶다고 했어요.**
>
> 민우가 산 MP3가 아주 **비싸다고 했어요** .
>
> 다음 주 화요일에 졸업 사진을 **찍는다고 했어요.**

1. [보기]와 같이 문장을 바꿔 보세요.

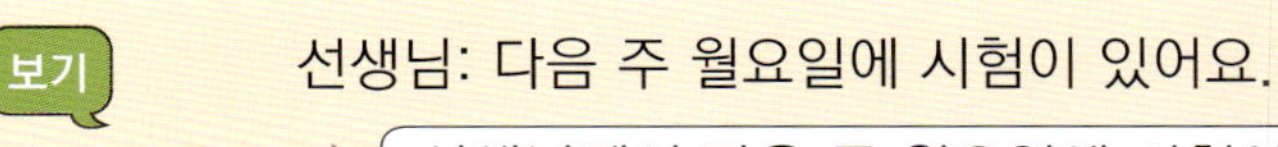

보기   선생님: 다음 주 월요일에 시험이 있어요.

➡ 선생님께서 다음 주 월요일에 시험이 있다고 했어요.

❶   누라슬: 학생식당 음식이 좀 매워요.

❷   준코: 민우는 노래를 아주 잘 불러요.

❸   진영: 좋은 회사에 취직하면 월급을 많이 받아요.

❹   유나: 이번 여름 방학 때 지리산에 가고 싶어요.

2. [보기]처럼 리스트를 만들고 이야기해 보세요.

> **보기** 교통이 편리하다 [한국]

> 한국에 오기 전에 한국에 대해서 들은 이야기가 있어요? 무엇이 같고 무엇이 달라요?

1)
2)
3)
4)

---

2 ## N라고 하다/이라고 하다

> 다음 학기에는 일반 과목**이라고 했어요.**
> 강의 평가 기간은 오늘까지**라고 했어요.**
> 유나의 생일이 오늘**이라고 했어요.**

1. [보기]와 같이 문장을 바꿔 보세요.

> **보기** 왕웨이: 지금 제가 있는 곳은 205호예요.
> ➡ 지금 왕웨이가 있는 곳은 205호 　라고 해요.

❶ 동건: 제일 어려운 것이 쓰기예요.

　　　　　　　　　　　　　　　　　.

❷ 진영: 제 마음을 편안하게 만드는 것은 음악이에요.

　　　　　　　　　　　　　　　　　.

❸ 라이언: 지금 가장 먹고 싶은 것이 햄버거예요.

❹ 민우: 치료해야 할 이가 두 개예요.

2. 친구에게 아래의 질문을 해 보세요. 그리고 [보기]와 같이 말해 보세요.

질문	친구	활동	이유
가장 해보고 싶은 일	나오코	패러글라이딩	재미있다
가장 가 보고 싶은 나라			
가장 먹어 보고 싶은 음식			
가장 좋아하는 쇼핑 장소			
가장 하기 싫어하는 집안 일			

미나코가 가장 해 보고 싶은 일은 패러글라이딩 이라고 했어요.
새처럼 하늘을 날아보고 싶다고 했어요.

❶

❷

❸

❹

3 A/V-기 때문에/N-기 때문에/이기 때문에

강의 평가를 안 **했기 때문에** 확인이 안 되는 거예요.

그 과목이 어렵**기 때문에** 제가 도와주려고 해요.

카르멘은 채식주의자**이기 때문에** 고기를 안 먹어요.

1. [보기]와 같이 두 문장을 한 문장으로 만드세요.

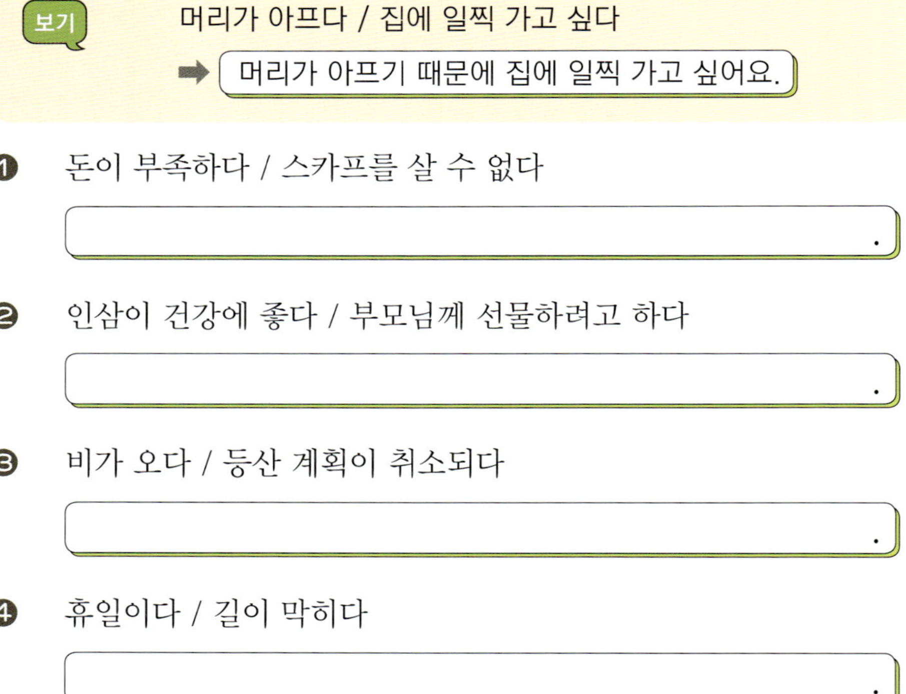

보기 머리가 아프다 / 집에 일찍 가고 싶다

➡ 머리가 아프기 때문에 집에 일찍 가고 싶어요.

❶ 돈이 부족하다 / 스카프를 살 수 없다

.

❷ 인삼이 건강에 좋다 / 부모님께 선물하려고 하다

.

❸ 비가 오다 / 등산 계획이 취소되다

.

❹ 휴일이다 / 길이 막히다

.

2. 여름에는 어떻게 해야 돼요? [보기]와 같이 이야기해 보세요.

〈여름에 나타나는 증상〉

기운이 없다　　　　　　　잠을 자기 어렵다　　　　　　땀을 많이 흘리다
입맛을 잃기 쉽다　　　　　배탈이 나기 쉽다

보기　여름에는 기운이 없기 때문에 삼계탕과 같은 건강 음식을
꼭 먹어야 돼요.

❶ ____ .

❷ ____ .

❸ ____ .

❹ ____ .

1. 다음 이야기를 듣고 물음에 답하세요.

18-04

1 이것은 무엇에 대한 이야기입니까?

① 알리샤의 대학 생활　　　　　② 알리샤의 유학 생활

③ 알리샤의 학업 계획　　　　　④ 알리샤의 아르바이트 계획

2 알리샤가 대학원 진학을 위해 가장 크게 걱정하는 이유는 무엇입니까?

① 등록금이 비싸기 때문에　　　② 영어를 잘 못 하기 때문에

③ 대학교 성적이 나쁘기 때문에　④ 아르바이트를 해야 하기 때문에

3 알리샤가 앞으로 공부하고 싶어하는 과목은 무엇입니까?

____

2. 여러분은 요즘 무엇에 관심이 있어요? 친구들과 함께 이야기해 보세요. 이야기가 끝나면 그 친구의 계획을 [보기]와 같이 이야기해 보세요.

	인생 계획(학업/결혼/사업 등)
유미	1) 한국어를 좀 더 열심히 공부해서 대학원에 진학하고 싶다. 2) 키가 작아서 키가 큰 사람을 만나고 싶다.

보기　유미는 두 가지 계획이 있습니다. 먼저 유미는 한국에서 대학을 졸업하고 대학원에 진학하고 싶다고 합니다. 그렇지만 대학교 성적이 안 좋아서 걱정이라고 합니다. 그래서 좀 더 열심히 공부할 계획이라고 합니다. 그리고 키가 작기 때문에 키가 큰 남자를 만나고 싶다고 합니다.

1. 다음 우화를 읽고 물음에 대답하세요.

1   위의 글을 읽고 순서에 맞게 (   )안에 번호를 쓰세요.

2   여우는 왜 "잘못했습니다"라고 했을까요?

____

3   위의 글이 주는 교훈이 무엇인지 쓰세요.

____

2. 위의 내용을 간접화법을 이용해서 다시 써 보세요.

여우는 저녁 식사에 학을 초대했습니다. 학에게 장난을 치면 재미있을 거라고 생각했습니다. 그래서

1과 수원역에 갈 거예요 

01-04

체첸 지훈 씨, 어제 왜 전화 안 받았어요?
지훈 어제 잠깐 친구 만나러 갔어요. 언제 전화했었어요?
체첸 1시쯤에 전화했어요. 몇 시에 만났어요?
지훈 9시에 일어난 후에 11시에 친구를 만났어요.
체첸 같이 점심도 먹었어요?
지훈 아니요. 친구를 만나고 은행에 간 후에 2시에 돌아왔어요. 그리고 기숙사에서 밥을 먹었어요. 그런데 왜 전화했어요?
체첸 내일 누라슬 집에 갈 거예요. 그런데 집을 몰라서 전화했어요.
지훈 그래요? 제가 가르쳐 줄게요.

2과 목이 아프고 열이 나요 

02-04

장 리 라이언, 얼굴이 안 좋아요. 어디 아파요?
라이언 네. 목이 아파서 잠을 못 잤어요.
장 리 그래요? 병원에 가 봤어요?
라이언 아니요. 안 갔어요.
장 리 빨리 병원에 가 보세요. 요즘 목감기가 유행이에요. 저도 지난주에 병원에 가서 치료 받았어요.
라이언 그래요? 장리도 목이 많이 아팠어요?
장 리 네. 그런데 병원에 늦게 가서 더 힘들었어요. 참지 말고 오늘 이비인후과에 꼭 가 보세요.
라이언 네. 그럴게요.

3과 어젯밤에 벼락치기했어요? 

03-04

체첸 어제 뉴스 봤어요?
지훈 무슨 뉴스요?
체첸 미국에서 어떤 사람이 하루에 2번이나 복권에 당첨됐어요.
지훈 정말요? 진짜 좋겠다! 그럼 모두 얼마예요?

첸첸   처음에는 한국 돈으로 천만 원 정도였고 두 번째는 십억이요.
지훈   와~ 나도 복권에 당첨되고 싶어요.
첸첸   하하하. 복권에 당첨되면 뭘 하고 싶어요?
지훈   음... 글쎄요. 첸첸은요?
첸첸   저는 세계 여행을 하고 싶어요. 가 보고 싶은 나라가 아주 많아요.
       그래서 휴학하고 세계 여행을 갈 거예요.

4과   전화 받으세요  04-04

[자동응답멘트]

안녕하세요? 경희 푸드코트입니다. 원하는 번호를 누르세요. 피자는 1번, 한식은 2번, 치킨은 3번, 중식은 4번입니다.

누라슬   안녕하세요? 여기 경희아파트 310동 507호인데요.
         불고기 피자 대로 한 판 배달해 주세요.
점 원   네. 연락처 좀 말씀해 주세요.
누라슬   010-2495-0603입니다.
점 원   불고기 피자, 사이즈는 대 맞습니까?
누라슬   네.
점 원   더 필요한 것은 없습니까?
누라슬   아! 콜라도 하나 주세요. 1.5리터로요.
점 원   네. 알겠습니다. 배달은 20분쯤 걸립니다. 감사합니다.

5과   어떻게 해요?  05-04

동건   첸첸, 뭘 보고 있어요?
첸첸   여행 정보가 담긴 블로그를 보고 있어요. 다음 주에 여행을 가려고 하는데 여행정보가
       없어서요.
동건   어디로 갈 거예요?
첸첸   음…. 사실 그것도 아직 안 정했어요.
동건   그럼, 기차 여행은 어때요? 좋은 경치도 보고 지역 축제가 열리는 곳에 갈 수도 있어요.
       또 와인을 마실 수 있는 여행도 있어요.

체첸   와! 좋네요. 그런 여행 정보는 어디에서 찾을 수 있어요?

동건   제가 홈페이지 주소를 알아요. 오후에 문자로 주소를 보내 줄게요.

6과 늦으면 안 돼요   06-04

직 원   어서 오세요.

지 훈   오늘 저녁 6시 30분 '황진이' 두 장 주세요.

직 원   죄송합니다. 방금 매진 됐습니다.

지 훈   그래요?

직 원   8시 30분 표는 아직 남아 있습니다.

지 훈   그럼 그것으로 두 장 주세요.

직 원   네. 알겠습니다. 자리는 어느 쪽이 좋으세요?

지 훈   가운데나 뒤로 주세요.

직 원   네. 알겠습니다. 8시 30분 황진이 2장, J열 6번, 7번입니다.

지 훈   네.

직 원   취소할 경우 상영시간 20분 전까지는 전액 환불이 가능하며, 상영시간 20분 전부터 상
         영시간 직전까지는 50% 환불 받으실 수 있습니다. 상영시간 이후에는 환불 받으실 수
         없습니다.

7과 무슨 일 있었어요?   07-04

어젯밤 11시경 수원의 한 건물에서 엘리베이터 고장 사건이 발생하였습니다. 엘리베이터 안에
는 30대 초반의 남자와 20대 후반의 여자가 타고 있었습니다. 두 사람이 구조 요청을 했지만 경
비원이 자리를 비워서 구조 신호를 보지 못했습니다. 두 사람은 5시간 정도 엘리베이터 안에 갇
혀 있다가 구조되었습니다. 다행히 두 사람은 건강에 특별한 이상이 없습니다.

지 훈　누라슬, 어디 가요?
누라슬　어, 선배. 비행기 표 사러 여행사에 가요. 방학 때 일본에 갈 건데 미리 표를 사려고요.
지 훈　그래요? 저도 일본에 가 봤는데 아주 좋았어요. 일본에 가서 뭐 할 거예요?
누라슬　아직 결정 못 했어요. 좋은 곳 좀 추천해 주세요.
지 훈　음, 일본에 가서 온천을 하는 게 어때요?
누라슬　온천도 좋겠네요. 선배는 이번 방학에 뭐 할 거예요?
지 훈　저는 이번 방학에 프랑스에 가고 싶어요. 에펠탑 사진만 늘 봐서 직접 보고 싶어요.
누라슬　와. 에펠탑이요? 저도 가고 싶어요.

사회자　안녕하십니까? '60분 토론'의 손희석입니다. 오늘은 일회용품 사용을 주제로 토론을 하
　　　겠습니다. 먼저 환경보호 단체의 김용준 과장님의 의견을 들어보겠습니다.
김용준　여러분, 우리가 사용한 일회용품의 처리 비용이 연간 수백억 원 이상입니다. 일회용품
　　　은 재활용이 불가능합니다. 선진국에서는 일회용품 사용을 엄격하게 제한하고 있습니
　　　다. 우리도 이러한 제도가 필요합니다.
사회자　이번에는 이 의견에 대한 반대 의견을 들어보겠습니다. 박미라 선생님, 말씀해 주시겠
　　　습니까?
박미라　일회용품은 처리 비용은 비싸지만 여러 가지 장점을 가지고 있습니다.

동 건　하루코, 요즘 바빠요?
하루코　네. 지난달부터 도서관에서 아르바이트를 해요.
동 건　도서관에서요? 나는 서점에서 아르바이트를 해 봤는데 책이 무거워서 힘들었어요.
하루코　책도 무겁지만 나는 한자를 어떻게 읽는지 몰라서 너무 힘들었어요.
동 건　하루코는 일본 사람인데 한자를 어떻게 읽는지 몰라요?
하루코　한자 읽는 방법이 일본하고 달라서 책 이름을 읽을 수 없었어요.
동 건　아~. 지금은 괜찮아요?

하루코　네. 집에서 매일 한 시간씩 한자 공부를 해서 이제는 괜찮아요.
동 건　매일 한 시간씩 공부해요? 하루코, 정말 대단하네요.

11과　이번 주 토요일에 집들이를 하려고 해요　11-04

마리코　지난주에 집들이를 했는데 친구들이 모두 화장지를 사 왔어요. 한국 사람들은 왜 화장
　　　　지를 선물해요?
재 범　하하~ 화장지 선물만 받아서 싫어요?
마리코　그런 건 아니지만 화장지 선물을 하도 많이 받아서 앞으로 몇 달은 안 사도 될 것 같아요.
재 범　화장지처럼 일이 잘 풀려서 부자가 되라고 선물하는 거예요.
마리코　그래요? 그런 의미가 있었어요? 또 다른 건 없어요?
재 범　음... 시험을 볼 때 거울을 많이 선물해요.
마리코　거울은 왜요?
재 범　거울을 보는 것처럼 시험을 잘 보라는 뜻이에요.

12과　한국 요리할 줄 알아요?　12-04

동 건　안녕하세요. 오늘 면접을 보러 온 김동건입니다.
과장님　이쪽으로 앉으세요. 한국어 도우미를 해 본 적이 있습니까?
동 건　아니요. 하지만 외국인에게 한국어를 가르쳐 본 적은 있습니다.
과장님　그렇군요. 할 줄 아는 외국어가 있습니까?
동 건　네. 일본어를 할 줄 압니다. 그리고 중국어도 조금 합니다.
과장님　하하. 3개 국어나 할 줄 알아요? 좋습니다. 그럼 도우미 활동을 할 때 뭐가 중요한 것 같
　　　　습니까?
동 건　음, 제 생각에는 친구를 이해할 줄 아는 마음과 약속을 잘 지키는 게 중요한 것 같습니다.
과장님　자, 이제 면접이 끝났습니다. 합격자 발표는 이번 주말에 할 겁니다. 게시판에서 확인하
　　　　세요.

라이언   지난주에 인터넷으로 MP3를 샀는데 고장이 났어요. 그런데 A/S 센터가 대구에 있어요.
동 건   정말요? 제가 도와줄게요.
(따르릉)
직 원   안녕하십니까? 좋은 음악 MP3입니다.
동 건   안녕하세요? 제 친구가 지난주에 MP3를 샀는데 고장이 났어요.
직 원   아, 그러세요? 그럼 택배로 저희 회사에 MP3를 보내 주세요.
동 건   택배비와 수리비를 내야 하나요?
직 원   안 내셔도 됩니다. 구입 후 1달이 안 됐으니까 수리비는 무료입니다.
         택배비도 저희가 부담하겠습니다.
동 건   네. 알겠습니다. 아 참! 수리 기간은 얼마나 걸려요?
직 원   1주일쯤 걸릴 거예요.

지 훈   왕웨이, 차이나타운에 오니까 어때요?
왕웨이   고향에 온 것 같아요. 향수병이 다 나은 것 같아요. 여기에서 제일 맛있는 음식을 먹고
         싶어요. 혹시 유명한 식당 알아요?
지 훈   그럼요. 인천 차이나타운에서만 먹을 수 있는 음식을 먹을까요?
첸 첸   뭔데요? 이곳은 처음이라서 잘 모르겠어요.
지 훈   그럼 저를 따라오세요.
(잠시 후, 중국집)
종업원   여기 자장면 세 그릇 나왔습니다. 맛있게 드세요.
왕웨이   보통 자장면하고 비슷해 보이는데 뭐가 달라요?
지 훈   한국에서 자장면이 처음으로 만들어 진 곳이 바로 이 식당이에요.
첸 첸   정말요? 그럼 중국 자장면하고 맛이 같겠네요?
왕웨이   중국 자장면하고 맛이 정말 비슷해요.

15과 주변이 조용한 원룸이면 좋겠어요

아주머니   여보세요?
재 범   아주머니, 저 103호에 사는 사람인데요. 보일러가 고장이 났어요. 좀 고쳐 주세요.
아주머니   그래요? 어디가 고장이 났어요?
재 범   그저께부터 따뜻한 물이 안 나와요.
아주머니   추운데 샤워하기 힘들겠군요. 오늘 오후에 고쳐 줄게요. 오후에 집에 있지요?
재 범   오후에는 제가 수업이 있어요. 내일 오전은 괜찮아요.
아주머니   알겠어요. 그럼 내일 오전에 고치러 갈게요.
재 범   네. 고맙습니다.

16과 길 좀 물어볼게요

준코   민수 씨, 한국어 말하기 대회가 있어서 경희대학교 서울캠퍼스에 가려고 하는데 어떻게 가요?
민수   서울 캠퍼스는 지하철 1호선 회기역에서 가까워요.
준코   그래요? 그럼, 버스를 타고 수원역까지 가서 지하철로 갈아타면 돼요?
민수   네. 7번 버스를 타고 가서 지하철 1호선으로 갈아타세요.
준코   회기역 몇 번 출구로 나가야 해요?
민수   1번 출구로 나가면 경희대학교로 가는 마을버스가 있어요. 그 버스를 타면 돼요.
준코   아~ 고마워요.
민수   뭘요. 말하기 대회 잘하고 와요.

17과 제주도에 가려고 해요

누라슬   첸첸! 우리 일요일에 제주도에 갈래요?
첸 첸   제주도요? 좋아요. 작년에 제주도에 갔다 왔는데 정말 좋았어요.
누라슬   한라산에도 가 봤어요?
첸 첸   아니요. 날씨가 안 좋아서 한라산에 못 갔어요. 이번엔 꼭 한라산에 가고 싶어요.
누라슬   저도요. 며칠 전에 한국 드라마에서 헤어졌던 연인들이 한라산에서 다시 만나는 장면을 봤는데 정말 멋있었어요.
첸 첸   그럼, 우리 제주도에 도착하면 한라산부터 갈까요?
누라슬   좋아요! 그럼 비행기 표 예매를 지금 할게요. 제가 예매하는 동안 여행 일정 좀 세워 보세요.

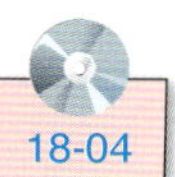

18-04

알리샤는 지금 대학교 4학년입니다. 내년에 대학교를 졸업한 후 한국에 유학을 가려고 합니다. 한국에 있는 경희대학교 대학원에서 한의학을 전공할 계획입니다. 경희대학교 한의학 대학원이 한국에서 유명하다고 합니다. 대학원 입학을 위해 먼저 입학 조건을 알아봤습니다. 대학원에 입학하려면 학부 성적이 B+ 이상이어야 하고 한국어도 아주 잘해야 한다고 합니다. 알리샤의 가장 큰 걱정은 등록금이 비싸다는 것입니다. 그래서 열심히 공부해서 장학금을 받을 계획입니다.

1과

문법

1

1. ① 점심을 먹은 후에 한국어 수업을 들어요.
   ② 한국어 수업이 끝난 후에 백화점에 가요.
   ③ 친구를 만난 후에 선물을 사요.

2. ① 샤워를 한 다음에 아침밥을 먹어요.
   ② 아침밥을 먹은 후에 학교에 가요.
   ③ 학교에 간 후에 공부를 해요.
   ④ 공부한 후에 친구와 이야기해요.

2

1. ① 수영하기 전에 준비 운동을 해요.
   ② 잠을 자기 전에 이를 닦아요.
   ③ 발표하기 전에 자료를 준비해요.
   ④ 영화를 보기 전에 영화표를 예매해요.

2. ① 오기 전에
   ② 보기 전에
   ③ 끝나기 전에
   ④ 식사 전에

3

1. ① 이메일 주소를 (좀) 가르쳐 주세요.
   ② 휴대폰 (좀) 빌려 주세요.
   ③ 부채 (좀) 빌려 주세요./에어컨을 더 틀어 주세요.
   ④ 제 일을 좀 도와주세요/저 좀 도와주세요.

2. ① 저는 공부를 좀 했어요. 제가 가르쳐 줄게요.
   ② 네. 있습니다. 예약해 드릴까요?
   ③ 네. 바꿔 드리겠습니다.
   ④ 네. 바로 연결해 드리겠습니다./
      네. 안내해 드리겠습니다.

듣고 말하기

1. (가) → (자) → (사) → (바)
2. ① (×) ② (○) ③ (×) ④ (○)

읽고 쓰기

1. ④
2. 한국 친구
3. ③
4. 선생님, 도와주세요.

2과

문법

1

1. ① 떠들지 마세요.
   ② 늦지 마세요.
   ③ 통화하지 마세요.
   ④ 마시지 마세요.

2. ① 주차하지 마세요.
   ② 휴대폰을 사용하지 마세요.
   ③ 사진을 찍지 마세요.
   ④ 자전거를 타지 마세요.

2

1. ① 배워 보세요.
   ② 입어 보세요.

③ 병원에 가 보세요.
④ 읽어 보세요.

2. ① 먹어 봤어요?
   ② 읽어 봤어요?
   ③ 타 봤어요?
   ④ 가 봤어요?

③

1. ① 친구를 만나서 영화를 봤어요.
   ② 일어나서 공원에서 운동했어요.
   ③ 병원에 가서 진찰을 받았어요.
   ④ 여행가서 친구와 놀았어요.

2. 학교에 가서 공부했어요. 은행에 가서 예
   금했어요. 백화점에 가서 ___________.
   친구를 만나서 이야기했어요. 집에 가서
   텔레비전을 봤어요. 샤워를 하고 나서 잠
   을 잤어요.

1. ③
2. 목이 아파서 잠을 못 잤어요.
3. 참지 말고 이비인후과에 꼭 가 보세요.

1. ③
2. 접수창구에서 접수
3. 처방전

3과

①

1. ① 공원에서 사진을 찍고 있어요.

② 커피숍에서 커피를 마시고 있어요.
③ 소파에서 졸고 있어요.
④ 여자 친구와 데이트하고 있어요.

②

1. ① 장학금을 받으면 부모님이 기뻐하실
      거예요.
   ② 심심하면 저에게 전화하세요.
   ③ 눈이 오면 스키를 타러 갈 거예요.
   ④ 기분이 나쁘면 게임을 해요

③

1. ① 날씨가 좋으니까 소풍가요.
   ② 집에서 그냥 놀아요.
   ③ 주말에 쉬니까
   ④ 저도 잘 모르니까

2. ① 아프니까
   ② 다음에 만나요.
   ③ 이번 주에 일을 다 해야 해요.
   ④ 내일이 시험이니까

1. 미국에서 어떤 사람이 하루에 2번 복권
   에 당첨됐어요.
2. ③
3. 세계 여행을 하고 싶어 합니다.

1. ②
2. 어휘 · 문법과 쓰기
3. 2급

4과

문법

①

1. ① 없는데
   ② 출발하는데
   ③ 추운데
   ④ 봤는데
   ⑤ 받았는데

②

1. ① 다른 약속이 있는데요.
   ② 시험공부를 해야 하는데요.
   ③ 지금 없는데요.
   ④ 바쁜데요.
   ⑤ 채식주의자인데요.

2. ① 시험 접수요? 인터넷으로 하면 되는데요.
   ② 이거요? 사전 찾아보면 알 수 있는데요.
   ③ 저기 오는데요.
   ④ 저는 병원 예약이 있는데요.

③

1. ① 밥을 먹거나 빵을 먹어요.
   ② 테니스를 치거나 수영을 해요.
   ③ 청소를 하거나 빨래를 해요.
   ④ 도서관에 가거나 식당에 가요.

듣고 말하기

1. 경희 피자, ①
2. ④
3. 26,000

읽고 쓰기

1. 티셔츠, 20,000원
2. ① → ③ → ④ → ②
3. ②

5과

문법

①

1. ① 누라슬은 머리가 긴데 유나는 짧아요.
   ② 라이언의 가방은 무거운데 진영이의 가방은 가벼워요.
   ③ 듣기는 어려운데 말하기는 쉬워요.

2. ① 눈이 나빠요.
   ② 머리가 긴데
   ③ 수잔은 뚱뚱해요.

②

1. ① 뚱뚱해서 운동을 하려고 해요.
   ② 다음 주부터 방학이어서 등산을 가려고 해요.
   ③ 심심해서 영화를 보려고 해요.
   ④ 피곤해서 자려고 해요.

③

1. ① 보고서를 준비하려고
   ② 등록금을 내려고
   ③ 학교 버스를 타려고
   ④ 한국어를 공부하려고

듣고 말하기

1. ④
2. ③
3. 여행 정보가 담긴 블로그를 보고 있어요.

다음 주에 여행을 가려고요.

읽고 쓰기

1. ④
2. 1345번으로 알려 주기
3. 전자민원은 3일 이내, 방문은 즉시 처리.

6과

문법

1

1. ① 사진을 찍으면 안 돼요.
   ② 휴지를 버리면 안 돼요.
   ③ 휴대폰을 사용하면 안 돼요.
   ④ 수영하면 안 돼요.
   ⑤ 뛰면 안 돼요.

2

1. ① 전화를 하면서 요리를 해요.
   ② 커피를 마시면서 책을 봐요.
   ③ 담배를 피면서 글을 써요.
   ④ 전화를 하면서 운전하면.

3

1. ① 써도 돼요.
   ② 피워도 돼요.
   ③ 마셔도 돼요.
   ④ 전화해도 돼요.

2. ① 가도 돼요?
   ② 써도 돼요?
   ③ 부탁해도 돼요?
   ④ 먹어도 돼요?
   ⑤ 사용해도 돼요?

듣고 말하기

1. ④
2. ②
3. J열 6번, 7번

읽고 쓰기

1. ③
2. 다른 사람과 음식을 같이 먹어서
3. 미나코를 친한 사람이라고 생각해서

7과

문법

1

1. ① 지하철 공사 때문에
   ② 감기 때문에
   ③ 시험공부 때문에
   ④ 담배 연기 때문에

2. ① 잠을 못 잤어요.
   ② 학교에 오지 못했어요.
   ③ 머리가 너무 아파요.
   ④ 너무 속상해요.

2

1. ① 칼에 베어서 다친 것 같아요.
   ② 남자 친구와 헤어져서 슬픈 것 같아요.
   ③ 열쇠를 잃어버려서 찾는 것 같아요.
   ④ 맛있는 음식인 것 같아요.

2. ① 비가 올 것 같아요.
   ② 한국 사람 아닌 것 같아요.
   ③ 바빠서 못 갈 것 같아요.
   ④ 어울릴 것 같아요.

③
1. ① 밥을 살게요.
   ② 도와줄게요.
   ③ 담배를 피우지 않을게요.
   ④ 제가 할게요.

1. ③
2. 경비원이 잠깐 자리를 비워서 구조 신호를 보지 못했습니다.
3. 두려웠을 것 같아요.

1. 공부에 대해 고민합니다.
2. 공부에 대해 가장 많이 고민하고 친구에 대해 가장 고민하지 않습니다.
3. 남자는 공부에 대해 고민을 많이 하고 여자는 직업에 대해 가장 많이 고민을 합니다.

8과

①
1. ① 아나운서처럼 목소리가 예뻐요.
   ② 가족처럼 잘 지내요.
   ③ 축구선수처럼 축구를 잘 해요.
   ④ 네, 농구선수처럼 키가 커요.

②
1. ① 방이 넓으면 좋겠어요.
   ② 살을 빼면 좋겠어요.
   ③ 돈이 많으면 좋겠어요.
   ④ 비가 안 오면 좋겠어요.

③
1. ① 공부만 할게요.
   ② 구경만 할게요.
   ③ 배드민턴만 칠 수 있어요.
   ④ 와인만 마실 수 있어요.

2. ① 언니와 남동생만 있어요.
   ② 한 잔만 마시고 가요.
   ③ 만원만 깎아 줄게요.
   ④ 일요일에만 가요.

3. ① 저는 한국에서만 살았어요.
   ② 강아지만 키워 봤어요.
   ③ 무슨 운동을 해 봤어요?
      저는 테니스만 칠 수 있어요.
   ④ 집안 일 중에 무엇을 잘 하나요?
      빨래만 잘 해요.

1. 비행기 표를 사러 여행사에 갑니다.
2. ④
3. 일본에서는 온천을 할 수 있어요.
   프랑스에서는 에펠탑을 볼 수 있어요.

1. ③
2. ① (×)   ② (○)
3. 우크라이나에 돌아가서 대학교에서 교수가 되고 싶어 합니다.
4. 가족하고 같이 한국에 돌아와서 살고 싶어요.

9과

1

1. ① 길게
   ② 싸게
   ③ 반갑게
   ④ 맛있게

2. ① 맵지 않게
   ② 깨끗하게
   ③ 행복하게
   ④ 크게

2

1. ① 시험이 9시에 시작해서 9시 전에 학교
      에 도착해야 해요.
   ② 친구가 오늘 한국에 와서 공항에 마중
      가야 해요.
   ③ 어제 많이 아팠기 때문에 병원에 가야
      했어요.

3

1. ① 준코와 도서관에서 공부하기로 했어요.
   ② 엄마와 백화점에 가기로 했어요.
   ③ 친구와 영화 보기로 했어요.
   ④ 제주도에 여행가기로 했어요.

듣고 말하기

1. ④
2. 일회용품 처리 비용이 비싸고 재활용이
   불가능합니다.
3. 일회용품 사용의 장점-편리합니다.

읽고 쓰기

1. ① (ㅇ) ② (ㅇ) ③ (ㅇ)

2. 교실이 더러워질 것이다.

10과

문법

1

1. ① 삼계탕을 먹은 적이 없어요.
   ② 혼자 여행한 적이 있어요.
   ③ 한국 노래를 들은 적이 없어요.
   ④ 유명한 사람을 만난 적이 있어요.
   ⑤ 한국에서 머리를 자른 적이 없어요.

2. ① 본 적이 있어요.
   ② 가본 적이 있어요.
   ③ 한 번도 본 적이 없어요.
   ④ 들어 본 적이 있어요.

2

1. ① 잘 어울리네요.
   ② 아주 맛있네요.
   ③ 와! 잘 생겼네요.
   ④ 정말 부지런하네요.

2. ① 사고 싶네요.
   ② 정말 무섭네요.
   ③ 춥네요.
   ④ 잘 먹네요.

3

1. ① 나한테 어떤 옷이 잘 어울리는지 추천
      해 주세요.
   ② 지금 어디가 아픈지 말해 보세요.
   ③ 미나코가 다음 학기에 무슨 과목을 듣
      는지 알아요?
   ④ 저 사람이 미국 사람인지 영국 사람인

지 알아요?

2. ① 아픈지 알아요?
   ② 끝나는지 알아요?
   ③ 고장 났는지 알아요?
   ④ 사는지 알아요?

3. ① 왔는지
   ② 마셨는지
   ③ 만났는지
   ④ 있었는지

듣고 말하기

1. ③
2. 한자를 어떻게 읽는지 몰라서
3. 한자 읽는 방법이 일본과는 달라서

읽고 쓰기

1. ②
2. ③
3. 예약할 수 있다.

11과

문법

①

1. ① 기말고사 잘 보면 돼요.
   ② 이것만 정리하면 돼요.
   ③ 가면 돼요.
   ④ 학교 앞에서 2번 버스를 타면 돼요.

②

1. ① 아플 때 보고 싶어요.
   ② 맛있는 밥 먹을 때 행복해요.
   ③ 내가 아주 바쁠 때 헤어지고 싶어요.
   ④ 친구와 싸웠을 때 화가 나요.

2. ① 물건을 살 때 사용해요.
   ② 전화할 때 사용해요.
   ③ 담배를 피울 때 사용해요.
   ④ 등을 긁을 때 사용해요.
   ⑤ 잠을 잘 때 사용해요.

③

1. ① 민속촌이나 에버랜드에 놀러 가요.
   ② 농구나 배구를 자주 해요.
   ③ 팥빙수나 아이스크림을 자주 먹어요.
   ④ 공포 영화나 SF 영화를 보고 싶어요.

듣고 말하기

1. ②
2. 화장지 – 집들이, 일이 잘 풀린다.
   거울 – 시험 볼 때, 시험을 잘 본다.
3. 준코하고 한옥마을에 갈 거예요.

읽고 쓰기

1. 모든 병의 원인이 된다.
2. ① (✕) ② (○) ③ (○) ④ (○)
3. 쉽게 피로를 느낄 수 있다.

12과

문법

①

1. ① 테니스를 칠 줄 알아요.
   ② 운전할 줄 알아요.
   ③ 일본어를 말할 줄 몰라요.
   ④ 과자 만들 줄 몰라요.

2. ① 저도 쓸 줄 알아요.

② 저 매운 음식 먹을 줄 알아요.

③ 한국 노래 부를 줄 몰라요.

④ 여기에 있을 줄 알았어요.

2

	-아요/ -어요	-아서/ 어서	-았어요/ 었어요	-ㅂ니다/ 습니다
쓰다	써요	써서	썼어요	씁니다
끄다	꺼요	꺼서	껐어요	끕니다
크다	커요	커서	컸어요	큽니다
아프다	아파요	아파서	아팠어요	아픕니다
바쁘다	바빠요	바빠서	바빴어요	바쁩니다
예쁘다	예뻐요	예뻐서	예뻤어요	예쁩니다

2. ① 바빠서

② 써서

③ 고파요

④ 아프면

3

1. ① 사전이 한국어 책보다 두꺼워요.

② 호주가 일본보다 비행기 시간이 더
걸려요.

③ 후지산이 지리산보다 더 높아요.

④ 강호동이 원빈보다 뚱뚱해요.

듣고 말하기

1. 한국어 도우미

2. ③

3. 친구를 이해할 줄 아는 마음과 약속을
잘 지키는 것

읽고 쓰기

1. ①, ④

2. ③

3. 나→가→다→바→마→라

13과

문법

1

1.

	-아요/ -어요	-ㄴ/은	-고	-ㅂ니다/ 습니다
까맣다	까매요	까만	까맣고	까맣습니다
하얗다	하얘요	하얀	하얗고	하얗습니다
빨갛다	빨개요	빨간	빨갛고	빨갛습니다
파랗다	파래요	파란	파랗고	파랗습니다
그렇다	그래요	그런	그렇고	그렇습니다
어떻다	어때요	어떤	어떻고	어떻습니다

2. ① 어떤

② 놓으세요

③ 좋으니까

④ 그래요?

2

1. ① 이 음식은 맛있겠어요.

② 아프겠어요.

③ 무겁겠어요.

④ 지각하겠어요.

2. ① 속상하겠어요.

② 좋아하겠어요.

③ 멋있겠어요.

④ 좋아겠어요.

3

1. ① 학교에 몇 시까지 와야 하나요?

② 그 사람 키는 큰가요?

③ 요즘 무슨 노래가 유행인가요?
④ 이 옷이 비싼가요?

2. ① 그 지방은 무엇이 유명한가요?
   ② 음식을 가지고 가도 되나요?
   ③ 있나요?
   ④ 빌릴 수 있나요?
   ⑤ 시간이 되나요?

듣고 말하기

1. ④
2. ③
3. 택배로 MP3를 A/S 센터에 보냅니다.

읽고 쓰기

1. ④
2. 물건만 보내면 안됩니다.
3. 교환 요청 사항

14과

문법

1

1.

	-아요/ -어요	-아서/ 어서	-면/ 으면	-고
낫다	나아요	나아서	나으면	낫고
짓다	지어요	지어서	지으면	짓고
붓다	부어요	부어서	부으면	붓고
젓다	저어요	저어서	저으면	젓고
잇다	이어요	이어서	이으면	잇고
긋다	그어요	그어서	그으면	긋고

2. ① 저어서
   ② 지은

③ 부었어요
④ 그으세요

2

1. ① 여자가 행복해 보여요.
   ② 목걸이가 비싸 보여요
   ③ 아이가 위험해 보여요
   ④ 신발이 커 보여요

2. ① 기분이 나빠 보이는데
   ② 재미있어 보이는데
   ③ 어려 보이네요
   ④ 맛있어 보이는

3

1. ① 중국 친구밖에
   ② 빵밖에
   ③ 치마밖에
   ④ 카드밖에

2. ① 이 색밖에 없어요
   ② 5천원밖에 없어요
   ③ 이것밖에 안 먹어요
   ④ 너밖에 없어

듣고 말하기

1. ③
2. 한국에서 자장면이 처음 만들어진 곳
3. ⓒ 그 식당의 자장면은 한국에서 자장면
   이 처음 만들어진 곳입니다.

읽고 쓰기

1. ③
2. 불규칙한 식사를 하면 우리 몸이 한번
   음식이 들어왔을 때 그 음식을 모두 저

장하기 때문에
3. 생활 습관을 바꾸면 예방할 수 있다.

15과

[1]

1. ① 밖이 많이 춥지요?
   ② 텔레비전이 재미있지요?
   ③ 떡볶이가 맵지요?
   ④ 주말에 등산 같이 가지요?

[2]

1. ① 책상 위에 가방이 놓여 있어요.
   ② 냉장고 문이 열려 있어요.
   ③ 서 있어요.
   ④ 문이 잠겨 있어요.

[3]

1. ① 많이 먹었군요
   ② 늦었군요
   ③ 큰일이군요
   ④ 그렇군요

1. 보일러가 고장이 났어요
2. ①
3. 내일 오전

1. ① (×) ② (○) ③ (○) ④ (○)
2. 냉장고

16과

[1]

1.

	-아요/ -어요	-아서/ 어서	-ㄴ/은 /는	-고
다르다	달라요	달라서	다른	다르고
빠르다	빨라요	빨라서	빠른	빠르고
고르다	골라요	골라서	고른	고르고
모르다	몰라요	몰라서	모른	모르고
부르다	불러요	불러서	부른	부르고
서두르다	서둘러요	서둘러서	서두른	서두르고

2. ① 골라
   ② 빨라요
   ③ 모르고
   ④ 달라요

[2]

1. ① 전화를 하다가 고장 났어요
   ② 아르바이트를 하다가 만났어요
   ③ 이쪽으로 가다가 왼쪽으로 가세요
   ④ 숙제하다가 전화 받았어요.

[3]

1. ① 흐려져서
   ② 어두워지면
   ③ 많아지면
   ④ 더워졌어요

1. 한국어 말하기 대회가 있어서
2. ④
3. ③

1. ③ → ④ → ① → ⑤ → ②
2. 밥값을 친구가 내서
3. ②

17과

문법

①

1. ① 저는 검정 구두를 살래요
   ② 저는 만화책을 읽을래요
   ③ 저는 집에 갈래요
   ④ 저는 그만 먹을래요

2. ① 내일 영화 보러 같이 갈래요?
   ② 김치찌개 같이 먹을래요?
   ③ 영화 보러 같이 갈래요?
   ④ 주말에 놀러 갈래요?

②

1. ① 아침 일찍 일어나자마자 커피를 마셔요
   ② 점심을 먹자마자 낮잠을 잤어요
   ③ 한국에 도착하자마자 무엇을 했어요?
   ④ 수업이 끝나자마자 뭘 해요?

2. ① 학교에 도착하자마자 커피를 마셔요
   ② 월급을 받자마자 저금을 할 거예요
   ③ 졸업하자마자 유학을 할 거예요
   ④ 중간고사가 끝나자마자 여행갈 거예요

③

1. ① 동건이가 그릇을 씻는 동안 첸첸은
      청소를 해요.
   ② 준코가 수업을 듣는 동안 라이언은
      복도에서 기다려요.

③ 민수가 인터넷을 검색하는 동안 소영이
  는 책을 찾아요.
④ 유나가 잠을 자는 동안 진영이는 책상
  을 정리해요.

듣고 말하기

1. ④
2. 작년에 날씨가 안 좋아서 못 갔어요
3. 헤어졌던 연인들이 한라산에서 다시 만
   나는 장면

읽고 쓰기

1. ④
2. ②
3. 차밭

18과

문법

①

1. ① 누라슬이 학생식당 음식이 좀 맵다고
      했어요.
   ② 준코는 민우가 노래를 아주 잘 부른
      다고 했어요.
   ③ 진영이는 좋은 회사에 취직하면 월급
      을 많이 받는다고 했어요.
   ④ 유나가 이번 여름 방학 때 지리산에
      가고 싶다고 했어요.

②

1. ① 동건이가 제일 어려운 것이 쓰기라고
      해요.
   ② 진영이가 자기 마음을 편안하게 만드
      는 것이 음악이라고 해요
   ③ 라이언이 지금 가장 먹고 싶은 것이

햄버거라고 해요.
④ 민우가 치료해야 할 이가 두 개라고
해요.

③

1. ① 돈이 부족하기 때문에 스카프를 살
수 없어요.
② 인삼이 건강에 좋기 때문에 부모님께
선물하려고 해요.
③ 비가 오기 때문에 등산 계획이 취소
되었어요.
④ 휴일이기 때문에 길이 막혀요.

듣고 말하기

1. ③
2. ①
3. 한의학

읽고 쓰기

1. (1)　(3)　(2)
(4)　(6)　(5)
2. 자기 잘못에 자기도 당해서
3. 다른 사람을 생각하는 마음을 갖자

ㅈ

외국인을 위한

한 국 어 초급2

초판발행	2011년 01월 07일
초판 3쇄	2015년 06월 30일
지은이	경희대학교 한국어교육연구회
회장	엄호열
펴낸이	엄태상
펴낸곳	한글파크
등록일자	2000년 8월 17일
등록번호	1-2718호
주소	서울시 종로구 자하문로 300 시사빌딩
전화	도서 내용 문의 (02) 764-1009
	도서 주문 문의 (02) 3671-0555
팩스	(02) 3671-0500
홈페이지	http://www.langpl.com
이메일	info@langpl.com

ISBN	978-89-5518-937-7 18710
	978-89-5518-935-3 (set)

✱ 한글파크는 랭기지플러스의 임프린트사이며, 한국어 전문 서적 출판 브랜드입니다.
✱ 이 교재의 내용을 사전 허가 없이 전재하거나 복제할 경우 법적인 제재를 받게 됨을 알려 드립니다.
✱ 잘못된 책은 구입하신 서점이나 본사에서 교환해 드립니다.
✱ 정가는 표지에 표시되어 있습니다.